乡村振兴战略
与新型职业农民培育的湖南实践研究

王翊覃　著

东北大学出版社

·沈　阳·

图书在版编目（CIP）数据

乡村振兴战略与新型职业农民培育的湖南实践研究 /
王翊覃著. — 沈阳：东北大学出版社，2023.11
ISBN 978-7-5517-3422-6

Ⅰ. ①乡… Ⅱ. ①王… Ⅲ. ①农民教育－职业教育－
研究－湖南 Ⅳ. ①G725

中国国家版本馆 CIP 数据核字（2023）第 206072 号

出 版 者：东北大学出版社
地址：沈阳市和平区文化路三号巷 11 号
邮编：110819
电话：024－83680182（总编室） 83687331（营销部）
传真：024－83680182（总编室） 83680180（营销部）
网址：http://www.neupress.com
E-mail: neuph@ neupress.com
印 刷 者：辽宁一诺广告印务有限公司
发 行 者：东北大学出版社
幅面尺寸：170 mm×240 mm
印 张：10.25
字 数：184 千字
出版时间：2023 年 11 月第 1 版
印刷时间：2023 年 11 月第 1 次印刷
责任编辑：周文婷 乔 伟
责任校对：张 媛
封面设计：潘正一
责任出版：唐敏志

ISBN 978-7-5517-3422-6 定 价：45.00 元

前 言

　　乡村振兴战略，是党中央为了解决我国当前农业、农村、农民发展落后问题在党的十九大报告中提出的重要战略。其根本目标是实现乡村的全面振兴，缩小城乡差距使两者融合发展，改革城乡二元结构，并逐步推进城乡一体化。乡村振兴包含产业振兴、人才振兴、文化振兴、生态振兴和组织振兴等多方面内容，它们之间相互影响、联系密切、均衡发展，是一个有机的整体。基于此，人才振兴是乡村振兴的基础，是实施乡村振兴战略的重要推力，也是落实产业兴旺、生态宜居、乡风文明、治理有效、生活富裕总要求的有力保障。全面推进乡村振兴，人才振兴是突破口，而人才振兴的关键在于农民，农民是农村的主人，乡村振兴必然要依靠农民的力量。

　　大力培育新型职业农民，是党中央多年来为解决乡村人才困境，通过促进农民全面发展带动农业全面升级、农村全面进步的积极探索。具有"爱农业、懂技术、善经营"等特点的现代化农业生产经营者即新型职业农民，是农民从身份到职业的一种转变，在实施乡村振兴战略过程中，作为主体力量的新型职业农民，其整体水平对农业现代化、新农村建设等方面均有重要的影响。全面提升农民的素质，加速培养一批既具有扎实的理论知识又具备强大实践能力的新型职业农民，既能够为乡村振兴提供助力，又有利于快速打破农业生产发展的瓶颈，促进农业高质量发展。因此，各地政府部门均积极响应中央号召，开展新型职业农民培育工作，全面提升农民的整体素质，为实现乡村振兴提供助力。截至目前，我国新型职业农民培育的实践工作已经开展了十多年，众多试点地区取得了显著成效，并积累了较为丰富的经验，但是，从整体的发展来看，其仍处于探索时期，还存在诸多亟待解决的问题，湖南省同样如此。这些问题不仅制约着湖南新型职业农民的培育成效，而且影响着乡村振兴战略的实施效果。

　　基于此，著者以乡村振兴战略为背景，结合自己的浅薄经验撰写了本书。

意在结合湖南新型职业农民培育的现状及存在的问题，对新型职业农民培育的优化对策进行探讨。本书共五章，第一章为概述，分别对乡村振兴战略、新型职业农民和新型职业农民培育的概念，以及本书的理论基础进行了阐述。第二章为新型职业农民主要特征与培育价值，对新型职业农民的历史变迁、新型职业农民的构成与主要特征进行了分析，并详细地阐述了培育新型职业农民的价值。第三章为发达国家及我国试点地区新型职业农民培育实践启示，通过发达国家及我国试点地区的实践案例，全面分析了当前制约新型职业农民培育因素的各个维度，以及对乡村振兴战略的主要启示。第四章为乡村振兴战略背景下湖南新型职业农民培育现状与主要问题，通过实地问卷调查的方式，对湖南省当前新型职业农民培育的基本情况和主要做法进行了分析，并基于此剖析了新型职业农民培育中存在的主要问题。第五章为完善湖南新型职业农民培育体系对策建议，从第四章所分析的问题出发追根溯源，结合发达国家和我国试点地区所提供的成功经验，从实践机理、实践原则，以及实践路径等方面，提出了优化湖南新型职业农民培育工作的对策和建议。

本书不仅适合农业专业的教师及学生作为扩展资料进行阅读，而且可供政府部门作为决策咨询资料及相关社会研究的参考资料。

著　者

2023 年 4 月

目 录

第一章　概　述

❀ 第一节　相关概念

一、乡村振兴战略

2017 年 10 月 18 日党的十九大召开，习近平总书记在党的十九大报告中作出了"中国特色社会主义进入新时代"的重大判断。同时，明确提出要把解决好"三农"问题作为全党工作的重中之重，实施乡村振兴战略。回顾中华上下五千年历史，农村经济的发展、农村的稳定和农民生活的改善，始终是国家兴衰的重要标志，正所谓"夫农者，国之本，本立然后可以议太平"①。当前，我国农业、农村、农民问题，依然是根本性的国计民生问题，是贯穿中国式现代化进程的基本问题。实施乡村振兴战略，正是基于中国特色社会主义进入新时代的科学论断，围绕当前社会主要矛盾变化的准确判断，结合我国乡村当前亟须解决的重大问题，做出的重大战略抉择②。

我国当前的经济结构为二元结构，即城镇经济以社会化生产为主，而农村经济则以小农经济为主，这种经济结构严重制约了我国农村地区的发展，使城乡之间发展不平衡的问题更为突出，并且严重阻碍了农村的城镇化进程。为了解决这一问题，尽快缩小城乡差距，党的十九大作出了实施乡村振兴战略的重大决策。这是第一次将乡村发展提升到国家战略层面，是我国实现从农业大国走向农业强国的重要举措，是实现"两个一百年"奋斗目标的必然要求，是

---

① 李巍. 乡村振兴战略下我国农村物流高质量发展问题研究［J］. 长春金融高等专科学校学报，2021（6）：81-85.

② 成芳. 习近平关于乡村振兴战略的重要论述研究［D］. 兰州：兰州理工大学，2020.

实现全体人民共同富裕的必然选择，因此它有着深刻的历史意义和现实意义。乡村振兴战略是基于以往"三农"思想的基础，结合国家所发生的变化，以当前时代特征为出发点，对当前我国农村发展所提出的要求，从新的角度出发，为我国新农村建设提供了新的思路。

乡村振兴是新时期"三农"工作的总揽之举，是集产业、人才和文化于一体的"三位一体"战略；要实现生态与组织的整体振兴，就要在党的领导下，按照"产业兴旺、生态宜居、乡风文明、治理有效、生活富裕"的总要求，将农业农村优先发展和城乡融合发展的目标落实到位。具体来说，包含以下三个发展方向。第一，使农民得到充分的发展。农民是乡村振兴的参与和获益的主体，加强对农村人力资源的开发，使其能够在乡村振兴过程中充分发挥积极性、主动性和创造性，是实现乡村振兴的重要条件。第二，提高农业的水平。要将推动农业供给侧结构性改革作为一条重要的工作主线，提高农业供给的品质，从而保证国家的食品安全和市场的竞争力；加快推进农牧业一体化发展；重视农业职能的发挥，使农民参与到现代化的发展中来。第三，促进农村全面发展。建设符合时代特征的新农村，既要维护好农村的生态环境，又要发扬农村的优良传统，还要注重城乡之间的公共服务均衡性。通过以上方面逐步改善农民的生活条件，让农民能够获得更多的幸福感。此外，要实现解决"三农"问题这一目标，只有强化工作队伍的建设，培养一批"一懂两爱"的好干部，才能为乡村振兴提供更好的组织保障。综上所述，在解决"三农"问题实现乡村振兴过程中，要充分认识到农村与城镇之间的不同，并在工作中考虑不同地区的不同特征，抓住地方独有的特点；要认识到解决"三农"问题实现乡村振兴的长期性、复杂性，把握农村发展的内部规律，逐步推进，"把农业变成有前途的行业，把农民变成有魅力的工作，把农村变成可以让人幸福生活的美好家园"①。

二、新型职业农民

在 2012 年的中央一号文件中，"新型职业农民"一词首次被提及："新型职业农民"是迎合时代发展和进步的新群体，具有经济学意义，是时代发展与进步下衍生出的一种新兴职业，是一种比传统农民拥有更高素质和能力的群

---

① 王玉东. 乡村振兴进程中新型职业农民培育成效提升研究 [D]. 福州：福建师范大学，2019.

体，不再是受尽冷眼的身份，而是一份体面且有吸引力的职业①。2017 年，农业部编制的《"十三五"全国新型职业农民培育发展规划》中对"新型职业农民"的概念也进行了相对规范且明确的说明：新型职业农民是以农业为职业、具有相应的专业技能、收入主要来自农业生产经营并达到相当水平的现代农业从业者，其包括生产经营型、专业技能型、专业服务型三种类型。

而除了国家正式文件外，还有诸多学者对新型职业农民的概念进行了论述，这些论述较为全面且成熟，因此，著者不再对新型职业农民的概念进行重新界定，而直接采用研究者朱启臻关于新型职业农民概念的界定，即新型职业农民具有广义和狭义之分，广义上的新型职业农民指的是从事现代农业生产经营相关的从业者；狭义上的新型职业农民是一种学术概念上的理解，指的是以农业为职业，具有较高素质，收入来源于农业生产经营的现代农民，具有高度稳定性，责任范围更大，不仅要满足市场，还要满足消费者的需求②。

新型职业农民根植于传统农民，是在其基础上产生的概念，同时与传统农民存在着本质、职业和时代性等方面的差异。首先，从本质上来说，新型职业农民仍然具有农民的性质。这种性质指的是他们生活在乡村，拥有一定的土地，以农业生产经营活动为主要的收入来源。其次，新型职业农民与普通农民、兼业农民的不同之处在于其职业特征。新型职业农民是一种职业，无论是城市居民还是农村居民，都可以把农业作为他们的主要工作，且这种选择是自由的、发自内心的，通常从事这种职业的时间也比较长，不会在短期内产生变化。而将农民作为职业的新型职业农民通常具有较高的文化素质、较强的农业专业技能和科技应用能力，还具有较强的运营管理能力及对风险的忍耐力，且职业的发展目标较为明确，具备良好的职业道德和良好的市场竞争意识。同时，他们了解国家的相关政策，也知晓国家法律，将"农民"作为职业的人群，他们的地位不低于任何从事其他职业工作的人群。最后，新型职业农民与我国农村和农业发展的实际需求密切相关，并带有鲜明的时代性。新型职业农民这一职业与其他职业一样，都需要经过培训才能考取资格证。当前的时代是信息时代，为了适应时代的特征，培训的内容也包含与信息相关的内容，所以与传统农民相比，新型职业农民在信息加工和机遇认知等方面都具有较强的能

① 高爱玲. 新型职业农民培育的困境与对策研究：以山东省 Y 地区为例 [D]. 南昌：江西科技师范大学，2022.

② 朱启臻. 新型职业农民的内涵特征及其地位作用 [J]. 中国农业信息，2013（17）：16-18.

力；同时，他们具有较为开阔的眼界，具有加入激烈的国际竞争的勇气。此外，创新能力也是当前时代所必备的一种职业能力，这也是新型职业农民必须具备的一项基本技能。

三、新型职业农民培育

在 2012 年中央一号文件中，不仅首次提及了新型职业农民，而且提及了"大力培育新型职业农民"，"新型职业农民培育"便顺势产生。这具有时代意义，由此开始，农民变成了一种职业。在新时代背景下的农民成为一种与其他职业地位平等的职业，新型职业农民逐渐被人们所接受，并获得认可和尊重，被视作一种新兴职业。正因为如此，新型职业农民培育也逐渐被社会关注和重视。任何行业的成功都离不开培育这一项工作，各行业的培育工程也在为社会持续输入新鲜的血液，而新型职业农民培育则能够为全国各地培养优质的新型职业农民，为农业和农村的发展提供优质的人才，以人才带动农村的进步，改变农村落后的现状，加快农业现代化进程，进而加快乡村振兴的实现。

对于新型职业农民培育的概念，可以从组成此词语的两个词的意义来分别进行分析。"新型职业农民"一词前面已经详细论述，这里不再赘述。另一组成部分，即"培育"，可以通过分解来更加透彻地对其进行理解："培"，含义为培育，有帮助他人为达成某种目的而长期进行某种训练和教导之意，是一种主动的提供教育的行为；"育"，含义为教育，既包含了主动行为，又包含了被动行为。

新型职业农民培育与传统的农民培训是不同的，"培育"是一种有意识的、以影响培育对象身心发展为目标的社会活动，具有延续性和长期性。其更注重的是教育的过程，这一过程涵盖了整个工作的各个阶段，如活动开始前的准备工作、过程中的教育性工作（既向受教育者传输教育内容、根据受教育者的需求和变化的社会环境随时完善培育机制等），以及结束后的评价工作及跟踪指导等。而"培训"指的是教育过程中的一种方式或方法，通过培训可以让对象获得某项技能，是一种短期的行为，是整个培育工作中的一个环节或步骤，不能与培育等同，两者在目的和要求等方面都存在着较大的差异，是部分和整体的关系。从"培训"到"培育"的变化，是农业现代化进程对劳动力素质需求变化的必然选择。

综上所述，我们可以这样理解本书中的新型职业农民培育：它是对新型职业农民进行的职业教育与职业培育。新型职业农民的培育工作旨在为农民提供全方位、多元化的培育服务，包括技能培训、管理培训、市场营销培训等。在技能培训方面，新型职业农民需要掌握现代化的农业生产技术，如精准施肥、种植管理、病虫害防治等；在管理培训方面，需要提高新型职业农民的组织管理能力、团队协作能力等，使其能够胜任现代农业企业的管理工作；在市场营销培训方面，需要培训新型职业农民的市场意识和营销技能，提高产品竞争力和市场占有率。而在对新型职业农民进行培育的全过程中，既包括对有关的农业知识与技能的传授和学习，也包括对职业态度、职业情感、职业价值观的学习和重构，还包括创业精神、创业意识、市场竞争意识等方面内容的培养。新型职业农民培育的目的是培养农民全面发展的能力和素质，提高其创新创业能力，从而为农业经济发展注入新的活力。只有加强新型职业农民的培育工作，才能推动乡村振兴和农业现代化建设，实现农村的可持续发展。

新型职业农民培育工作需要全社会的关注和支持，需要政府、社会组织和企业等多方合作，共同为乡村振兴和农业现代化建设做出贡献。政府可以通过出台相关政策，提供资金和技术支持，为新型职业农民提供更好的培育环境；社会组织可以发挥社会力量，为新型职业农民的培育提供更全面的服务；企业可以为新型职业农民提供就业机会和实践锻炼机会，为其职业发展提供更广阔的空间。

🌸 第二节　理论基础

一、人力资本理论

人力资本是凝结在劳动力身上的资本总和，即有价值增殖的生产知识、技能、智力、健康等存量总和。它与"物质资本"相对，且其作用大于物质资本，是资本的核心[①]。

魁克是第一个研究人类素质的经济学家，并提出人才在国家致富过程中的

---

① 刘欢. 鹤壁市新型职业农民培育模式研究 ［D］. 绵阳：西南科技大学，2022.

重要作用①。亚当·斯密是第一个把人看作一种资本的学者，他肯定了劳动创造价值的观点，并提出了人的工作能力与工作水平会受到劳动技能熟练度的限制，而人的工作能力则需要通过不断地开发与实践来获得提升，劳动技术的熟练水平要靠教育来提高，而教育则要花费大量的金钱和时间。同时，劳动技能的学习难度对各行业的薪资水平有较大的影响。他认为，每个人都是经过后天的努力，才能够获得劳动能力，人们在参与教育和培育过程中，不但能够提高自己的劳动技能，还能够塑造出一个全新的自己，在此基础上，能够提高社会劳动生产率，从而使自己获得更多的财富，并间接地促进社会的发展，为社会创造财富②。亚当·斯密有关人力资本理论的研究及论述，为之后的相关研究打下了坚实的理论基础，也是学术界对于人力资本理论进行研究的开端。

美国著名学者西奥多·W. 舒尔茨认为，通过提升人的知识水平或技术能力以及其他方面的素质，能够提高农业的生产效率，有效增加单位时间内农产品的产量，进而促进农业经济的发展③。他还认为，人力资本在国家发展过程中发挥重要作用，要积极地在人身上投入相关培育④。

被誉为"人力资本之父"的舒尔茨，是首次全面、系统地论述人力资本理论的学者，并且从宏观角度出发阐述了"教育对于经济发展的正面影响"，他认为，人力资本是人们投入一定时间和金钱后，能够获得的有用技能的存量。

与舒尔茨的宏观角度不同的是，贝克尔从更细微层面的微观角度出发，对人力资本理论进行了阐述。他分析了年龄收入曲线、人力资本和个人收入分配关系等问题，补充了舒尔茨关于人力资本的研究角度，共同形成了较为完整的人力资本研究体系。其基本思想如下。第一，在各因素中，人力资源才是最重要的。为人力资源所投入的资金，所产生的效益远远超过了物质资本的再生产。其核心是提高人口素质；而想要提高人口素质，就需要依赖于教育，也就是说，通过教育培育可以推进人口的高质量发展，从而推进社会经济的可持续发展。第二，当企业的人力资本拥有更多的技术与知识时，就越能够提高企业

① 人力资本理论-MBA 智库百科 [EB/OL]. (2022-06-30) [2023-02-10]. https://wiki.mbalib. com/wiki/%E4%BA%BA%E5%8A%9B%E8%B5%84%E6%9C%AC%E7%90%86%E8%AE%BA.

② 亚当·斯密. 国民财富的性质和原因的研究：上卷 [M]. 郭大力，王亚南，译. 北京：商务印书馆，1972.

③④ 西奥多·W. 舒尔茨. 论人力资本投资 [M]. 吴珠华，等译. 北京：北京经济学院出版社，1990.

的生产质量和数量。但是，这一理论在探讨教育对于工资增长的影响时，部分地忽视了劳动市场中的供给和需求对工资增长的影响。所以，我们应该以市场供求关系为指导，将劳动力的价格变化当作投资的度量标志。

人力资本理论的最核心要素是人，如何提高人的素质进而发挥最大的价值是人力资本理论的研究目的。人力资源是众多资源中与经济发展息息相关的且最为重要的一种资源。没有人力资源的支持，一个国家和社会不会获得发展和进步。对我国来说，提高劳动者的综合能力是实现乡村振兴的关键，而对农民进行职业培育，既是农村人力资源投资的主要手段，也是推动农业农村发展的关键助推器。另外，人力资本理论还主张，从某种角度来看，劳动者的社会地位和他接受教育的程度及其知识文化资本是等比关系。所以，对新型职业农民进行培育，在切实提高农民这一农村发展人力资本素质的同时，能够提高其职业地位，进而提高社会和农民本身对这一职业的认同和尊重，从而巩固培育职业农民的良好成效。作为新型职业农民，他们也是促进我国农村经济发展的重要力量。新型职业农民培育所涉及的内容，不仅包含了相关的农业知识与技能，而且包含了相关职业素养、职业道德、创新意识，以及企业的市场竞争意识等内容。在涉农职业教育和涉农职业培育过程中，新型职业农民获得了一定的知识和技能，提高了自己的整体素质，这些都成为新型职业农民的重要人力资本。这一理论运用于新型职业农民培育方面，已获得了国内外著名学者的普遍认同。

二、劳动力供求均衡理论

均衡，是一个经济学的概念，由物理学引申而来。可理解为所有的力量都正处于一种平衡的状态中，也可理解为没有任何内在改变趋势的一种状态。在经济学中，均衡通常是指经济体系中的某一个经济单元，在多种经济和社会因素的共同作用下，处于一种相对静止的平衡状态。供求均衡理论来源于西方学者对于市场经济价格运行机制的研究，后被运用于经济活动。以均衡理论和社会经济发展的实际为基础，社会总供需的平衡一方面可以促进一个国家或地区国民经济的快速发展；另一方面可以对区域要素的配置进行优化，对产业结构进行调整，改善民生。

狭义上的供需均衡是指某一特定的用户和供给者之间的关系，广义上的供需均衡是指一国区域内商品、劳动力的总需求与总供给之间的关系。劳动供需均衡理论指出了劳动力供需之间存在一种平衡的状态和在这种状态下的最优效果。而现实与理论不同，在实际的劳动力市场中，劳动力需求的产生迅速且瞬息万变，真实的劳动供给的改变是有一定过程的，两者之间有一定的时间差距。要解决这个问题，就必须在一个特定的时期，通过增加更多的生产要素使劳动时数增加，进而使劳动力的需求量在短期内下降。另外，通过政策的实施，可以有效地保障劳动力市场的动态均衡。

在很长的一段时间里，我国的农村劳动力一直存在着供给过剩的现象，而在市场和我国政府相关政策的作用下，城镇化进程不断加快，使得农村的青壮年劳动力走入城市务工，这在一定程度上缓解了农村劳动力过剩的问题，减轻了农村人口的就业压力。然而，近年来，随着乡村振兴战略的实施，我国的农业开始朝着现代化方向转变，农业现代化的实现需要高质量的农业人才，但农村的青壮年劳动力大多进入了城市，留守在农村中的多为老弱群体，使得人才缺失问题日益突出，我国农村地区对高质量的实用技术人才的需求比供给要大得多。在市场化的经济制度下，我们正面临着职业农民及其培育主体和培育内容供给滞后的问题。

三、终身教育理论

保罗·朗格朗在《终身教育导论》一书中对终身教育进行了较为系统的阐述。他将终身教育作为一种总体的理念或原则，把人们所面临的挑战作为着眼点，认为人的一生不应该被简单地分为教育的前半生和工作的后半生，终身教育是一种全方位的系统性整体。

从广义上讲，终身教育是一个人在其生命的各个时期所接受的各种教育的集合。其中，既有在学校接受的教育，也有踏入社会后接受的教育，而教育的形式又可以分为正规教育和非正规教育。社会教育是职业教育中最主要的组成部分。

终身教育是一种普遍性、灵活性的教育，它需要学习者在学习过程中充分调动主观性，并积极地参加教育活动，进而使学习者能够与时俱进、全面协调地发展。终身教育的实现，需要最大限度地调动和利用社会资源，让学习者既能适应自己的工作和职业发展的需求，又要注重发展自己的个性，提升自己的人格品质，发掘自己的潜力，将自己的优势发挥到最大。为了提升农民的综合素质，让他们增强对社会、经济、技术等多方面变化的主动适应能力，无论是已经完成学校教育或失去学校教育机会的传统农民，还是已经参与到农业生产经营中的新生动力，都需要经过教育培育来持续提升自己的生产技能和专业素养。只有这样，才能使农民的经济收入、社会地位得到提升，才能真正地实现他们的自我价值。终身教育思想的提出与普及，为国内的教育思想注入了新的活力，推动了国内新型职业农民培育机制与方式的变革。

四、公共产品理论

萨缪尔森指出，公共产品是由公众提供的，因此，也可以由任何一个个体进行使用或消费，它既是集体供给品又是集体消费品，公众群体中的某一个体使用或消费它并不会对其他个体的使用或消费行为产生影响，也就是说，公共产品具有非竞争性和非排他性等特点。而私有物品则与之完全相反，在供给、消费、使用等方面具有极大的限制，具有竞争性与排他性。萨缪尔森还提出了"准公共商品"这个概念，即处于"公共产品"与"私人物品"之间的一个概念①。而新型职业农民的培育就属于此类范畴，其既能为新型职业农民自身的生存和发展带来希望，也能促进农业经济的发展。国家在开展新型职业农民培育时，需要政府、涉农类院校、相关培育机构、培育监管部门等多方主体共同参与新型职业农民的培育过程，共同开展职业教育与职业培育的工作②。

五、马斯洛需求层次理论

马斯洛曾经提出了需求层次理论，在一定程度上扩展了人的活动范围与认识范围③。需求总是指向能满足某种需求的客体或者事件，即追求某种客体，并从客体得到满足。没有客体，没有对象的需求、不指向任何事物的需要是不存在的，而要使事物、对象能满足主体的某种需求，就必须从事相应的实践活动，并且人和动物都有需求。

著者所探讨的新型职业农民培育问题，强调的是"以人为中心"，因此必须对培育对象的真实需求有所掌握，才能让培育工作更有成效。为此，著者将

---

① 公共产品理论-MBA 智库百科 [EB/OL]. (2022-06-30) [2023-02-10]. https://wiki.mbalib. com/wiki/%E5%85%AC%E5%85%B1%E4%BA%A7%E5%93%81%E7%90%86%E8%AE%BA.

② 高爱玲. 新型职业农民培育的困境与对策研究：以山东省 Y 地区为例 [D]. 南昌：江西科技师范大学，2022.

③ 胡万钟. 从马斯洛的需求理论谈人的价值和自我价值 [J]. 南京社会科学，2000 (6)：25-29.

马斯洛的需求层次理论引入本书，应用此理论对培育对象的各类需求进行剖析，进而制订有目标的培育对策。需求层次理论，从生理、安全、社交、尊重、自我实现五个层面对人类的需求进行了分析。这五个层面的需求的重要程度是不同的，其层级从前至后依次提升。

生理需求属于人的第一层需求。培育对象首先需要满足自己的生理需求，包括自己和家人的食物、住房、生活用品需求等，在这些需求都能够得到保障后，才可能产生参与培育活动来提升自己的职业或技术能力的想法。简单来说，即人只有在满足了温饱需求后，才会寻求自身技术水平的进步。第二层需求为安全需求。在第一级的基本生理需求得到满足后，培育对象在进行日常工作时的安全性也很关键，安全性指的是在工作中需保障避免因自然环境危及培育对象的人身安全，以及避免因经济市场的不稳定而危害自身财产。为此，培育对象就需要积极参与培育活动来扩展自身的知识面，并提升自身获取信息的能力，进而能够跟随国家发布的最新政策，具有足够的抗风险意识，以确保自己的人身财产安全。第三层需求为社交需求。在生活中，我们每个人都会因为交际而结识新的人，由此可以拓宽眼界，并获得更多的知识。满足培育对象的社交需求，能够让他们在沟通中，不断地进行技术升级，并消除可能出现的心理紧张问题。第四层需求为尊重需求，即每个人都希望得到别人的尊重，同时需要自我尊重。自我尊重不可缺乏的是自信，因此，对于培育对象来说，首先也是最重要的一点是要充满自信心，要相信自己拥有足以应对未来种种新问题的能力。其次，培育对象需要受到社会和别人的尊重，拥有一种良好的社会环境，如此，才能对于农民这一职业更具有信心，对于农业生产更有激情和动力。第五层需求为自我实现需求，当前面的四级层次需求都得到了满足之后，人类就会通过实现自己给自己所设定的某个或某些目标来获得满足感。根据这五个层次的需求来设计培育方案和方法，能够有效提升培育的效率。结合这一理论，在开展新型职业农民培育前，需要有关部门做好调查研究，对于参加培育的农民有哪些具体需求（如相关的知识、技能、情绪、态度、价值观等）要先行掌握清楚。

六、地方政府角色理论

在西方，地方政府角色理论最初被提出是作为一种行政执行手段。地方政府角色理论是指地方政府所要发挥的作用与其要执行的有关功能之间的关系。

因此，要使其真正的职能与作用发挥得足够充分，就必须对地方政府进行恰当的角色定位。对于地方政府来说，随着时间的推移，其角色定位和职能表现上也会发生变化。

美国著名经济学家罗纳德·J. 奥克森指出，地方政府应对所在地制定合理的区域发展规划，从而促进区域经济社会的发展①。亚当·斯密认为，地方政府要为社会、人民服务②。李黎力、贾根良在研究中提到凯恩斯主义的观点：政府要和市场配合好，两只手共同调节经济平衡③。

将此理论作为本书的理论基础之一，是因为在开展新型职业农民培育活动时，各级政府承担着重要的责任，其需要制定与培育相关的各种政策，并推动培育活动的展开。在整个新型职业农民培育过程中，政府集多种角色定位于一身，不仅是相关培育政策的制定者、落实者、推动者，而且是培育活动的监督者和检验者，在整个培育过程中甚至是培育活动结束后，都需要根据不同的时段来履行不同的职责。因此，当培育活动出现问题或遇到困难时，各地的各级政府都需要根据角色定位，发挥相应的作用，承担起相应的责任，协助并带领参加培育的农民共同克服困难，只有这样，才能更好地促进新型职业农民培育工作的开展，并保证培育工作的效果。

七、城乡一体化理论

目前，我国的城镇发展正处于一个新的阶段——城乡一体化。城乡一体化指的是把工业和农业、城市和乡村、城镇居民和农村居民作为一个整体来看待，并通过统筹规划和综合研究，促进城乡多个方面的总体运作④，具体包括统一进行规划建设、促进产业发展、收集市场信息、制定政策体系，并对生态环境进行保护等。在这一过程中，结合实际的实践进度和问题，通过制度变革和政策的调整来促进社会的健康发展。城乡一体化理论将从根本上改变我国长

---

① 朱晓红. 罗纳德·J. 奥克森治理地方公共经济理论及其启示 [J]. 行政与法，2011（7）：59-61.

② 亚当·斯密. 国民财富的性质和原因的研究：上卷 [M]. 郭大力，王亚南，译. 北京：商务印书馆，1972.

③ 李黎力，贾根良. 货币国定论：后凯恩斯主义货币理论的新发展 [J]. 社会科学战线，2012（8）：35-42.

④ 黄丹. 湖南省新型职业农民培育问题研究 [D]. 长沙：湖南农业大学，2020.

久以来存在的城乡二元经济结构现象，从而使城乡享受平等的政策，使农业和工业这两大产业实现互补发展，让农村居民和城镇居民具有相等的社会地位，享受同样的文化教育和福利，从而使整个城乡经济社会可以持续、全面、协调地发展。

在处理"三农"问题过程中，党和政府的理论和战略是随着社会经济形式和现实情况而不断地发生改变的，从最初的城乡统筹发展到现在的城乡发展一体化，并进一步地提出了城乡融合发展的概念。城乡一体化实质上就是将城乡居民、农业和工业、农村和城市视为一个复合体，通过统一标准与协调来实现城镇和农村之间的整合，从而使现在的城乡二元制经济结构发生变化。让农民也能够享受到现代化的成果和改革的红利，让城市与农村的社会经济发展相互协调，进而将现有的二元经济结构转变为城乡一体化结构。

培育新型职业农民，是促进农村社会经济发展的重要举措。推动城乡经济融合，实质上就是推动城镇和农村的劳动力流动。随着大量的农民向城镇转移，农村出现了劳动力不足的问题，为了解决这一问题，为农村发展提供充足的、优质的人力资源，就必须加大农村和农业对青壮年劳动力的吸引力，这样才能保留一批高素质和高生产能力的年轻劳动力，同时将较为关心"三农"问题的城镇劳动力吸引到农村。事实上，培育新型职业农民的关键在于新农业经营机制，显然，这是我国打造特色农民的重要渠道，是缩小城乡经济差距的必要手段。

八、剩余劳动力转移理论

当前，我国农村过剩劳动力向城镇流动的速度加快这一现象，是国家制定培育新型职业农民政策的主要原因。剩余劳动力转移理论的研究者较多，其中，刘易斯、拉尼斯和费景汉等学者一致认为，农村剩余劳动力向城镇转移这种现象的发生是不可避免的，其根本原因是一个国家在工业化进程中取得了一定进步，并且社会的现代化发展也初具规模。而劳动力的转移也表现出社会的不断进步。农村过剩劳动力向城镇转移的速度加快，也会对农村和农业的发展造成很大的冲击。

剩余劳动力转移理论由刘易斯首次提出。他重视现代工业组织，且认为现代工业组织对中国的经济发展具有显著的促进作用，农村剩余劳动力转移这一现象缓解了农村的经济发展问题，提高了农业生产效率，但是，在发生剩余劳动力转移之前，工业仅仅把农民当作一种廉价的生产力。托罗马也认为，在农村劳动力转移过程中，不仅要关注农村劳动力向城镇转移以后使其经济收入增长①，缩小了城镇居民和农村居民两者之间的差距这一现象，也应意识到，随着农村劳动力转移，城镇居民的生活与城镇的总体发展也因此而受到了一些影响。费景汉和拉尼斯在谈到农村劳动力转移时，认为应关注农业的综合发展，因为农业经济发展及农业生产保障有利于扩大城镇工业组织与工业发展规模。

我国从实施改革开放政策起，就对劳动力的流动放松了控制，为了改善生活，很多农民选择进城务工、生活，农村剩余劳动力向城市的转移，促进了城市经济和工业的发展，也是对国家城镇化政策的一种响应。然而，随着时间的推移，农村的青壮年都转移到城镇，只留下一些年纪较大的农民留守在农村，虽然他们仍然从事着农业生产，但通常产量不高，严重影响了农业现代化的进程，给农村经济的发展带来很大的冲击。拉尼斯与费景汉都主张，对于剩余劳动力转移，既要关注其对城镇的经济发展和工业发展带来的积极影响，也不能忽视其对农业和农村发展产生的消极影响。保证农村经济和农业的发展，从某些角度来看，也是对城镇工业发展的一种保障。

此外，托达罗也对这一问题进行了深入的探讨，他指出，在农业人口向城市转移的进程中，不应该仅仅着眼于让更多的农民进城，同样要注重提高农民的收入，缩小城乡差别；否则，他们的出现将会对城镇居民的生活和城镇的总体经济发展造成不利的影响，同时会导致农村没有适合劳动力的问题出现。

进入新世纪以来，我国一直致力于推进城乡融合发展，从剩余劳动力转移上来看，取得了卓越的成效，如今，向城镇转移的农民人数基本接近了城镇能够容纳人口的最大值。因此，为了避免城镇发展受到严重的影响，并加快农业现代化的进程，结合剩余劳动力转移理论，在今后的工作中需要逐步将劳动力从城镇中转移到农村中。

---

① 杨建花. 我国农业人口转移对农村经济的影响探讨［J］. 经济研究导刊, 2022（4）: 23-25.

第二章　新型职业农民主要特征与培育价值

第一节　新型职业农民生成路径

一、从传统农民到职业农民

（一）传统农民

当种植农作物不再仅仅用于满足人们的温饱而发展成为一个行业后，那些把农业生产作为生存方式的群体，就有了"农民"这一称呼，而随着时代的进步和发展，农民的身份也在不停地发生着变化，最初的这一农民群体也就成为传统农民。具体来说，传统农民指的是在农村中，凭借着传统的农业生产方式耕种田地，并靠着出售土地所产出的农产品而维持生计的人群。这一人群多以家庭为经营单位进行活动，主要依靠耕种创收，他们的这种生产和经营方式更符合传统社会的特征。

传统农民具有如下显著特征。其一，对自然环境的依赖性极强。传统农民主要进行的是初级农产品原材料的生产，而在他们进行农业生产过程中，通常依靠的是自己所积累的主观性的务农经验，并且他们在生产过程中所利用的生产工具也比较落后，作物的产量会受到天气、地理条件等自然环境的影响。其二，对于生产出来的农产品，传统农民多用于满足自己的生存需求，或一部分满足自己的生存需求，一部分进行销售。传统农民通常以家庭为基本单位，其拥有的土地面积较小，农产品的产量及销售量也不高，其参加农业生产的主要目的是满足自己的生存需求。其三，较为闭塞的生活状态。由于过分依靠自然条件，传统农民的居住环境与城镇相比是比较分散的，因此，交通相对不便利，尤其是那些远离城镇的村庄，传统农民很难与外界有紧密的联系。其四，观念上的保守。因为长久生活在自给自足、半自给自足的小农经济环境中，传统农民的思想中通常会带有浓郁的家庭观念，他们所遵循的是一种比较冷漠的行为规范，他们的思想既保守又落后。

《中华人民共和国户口登记条例》于1958年出台，其中规定了城市与农村的双重户口制度，在法律上确定了农民的身份，这种身份是可以继承的，他们的子孙后代生下来就拥有农民这一身份，所以农村孩子一生下来就被确定了农民的身份，只能依靠从事农业生产创造收入来满足自己生存所需的物质条件。改革开放之后，随着我国经济的快速发展，国家不再严格地执行户籍制度，农民也有了进城谋生的可能。农忙时务农，农闲时打工，成为很多农民的常态。一些青壮年农民为了摆脱农民的身份，选择进城务工，还有一些农民选择让孩子接受教育从而走出农村，也有很多农民在走进城镇后会举家搬迁到城市，不再从事农业生产活动。以上种种原因，使得当前农村的主要居民变成了老人、妇女和儿童，他们没有足够的体力和精力进行农业生产，所以耕地多被荒废，同时造成了农业生产无人继承的局面。农业人力资源在数量和质量上都存在着非常明显的问题，这些问题已经变成了农业现代化的难题，因此受到了中共中央的高度关注，并且已经在寻找能够改变这一现状的行之有效的方法。

（二）职业农民

职业农民是我国针对传统农民问题而提出的一种针对性的解决方案，其将农民作为一种职业，而非一种身份。在党的十五届三中全会上，党和国家领导人指出，我国农业和农村经济的增长要转变发展思路，要和当前社会科学技术快速发展的步伐保持一致，注重农业科学技术的研究和推广，加强人才的培育，逐步提高广大农民劳动者的素质。但此时，针对职业农民培育所提出的教育培育体系，主要是为了提高我国的国民素质和各岗位所需的专业技能，以及如何提高农业生产力等。

1986年，为促进农业科技进步，以促进农村经济发展，农业部与财政部共同发起的"丰收计划"，在培育农村实用技术人才方面发挥了巨大的作用。1988年，为响应国家"丰收计划"，由教育部牵头，在全国范围内开展了"燎原计划"，建立了一大批"燎原学校"，培育出大批农业技术人员。1994年，在借鉴了国外的先进经验之后，农业部把"绿色证书工程"作为全国农村人力资源科技教育培育的根本制度。2001 年中央一号文件中指出"要加强农民职业教育"，开启了我国农民职业化的历程。2005 年底，农业部在《关于实施农村实用人才培养"百万中专生计划"的意见》中首次提出职业农民这一概念①。

职业农民是相对于传统农民的"农民"这一社会性身份属性来说的，其所具有的是一种职业属性。传统农民从事农业活动是以满足自己和家人最基本的生存需求为主要目标，而职业农民与其他职业从事工作活动相同，他们从事农业活动是以创造收益和利益最大化为主要目标，努力使农业生产和管理成为一个行业，并在管理的全过程中注意利用市场法则。职业农民是以农业生产、经营、服务和与农村经济发展有关的工作为主体的人群。从知识层面来看，职业农民经过职业培育，具有较高的科学文化素养、较强的农业生产技能和运用科技从事农业生产的能力。从发展目标来看，职业农民是在追求农业活动利益最大化的同时，让自己的个体才能得以发挥，让自己的生命价值得以实现。此外，职业农民还具有带动农业生产和收入增长的示范作用。

二、新型农民

中华民族是勇于迎接挑战、改善自我现状的民族，因此，我国的农民从来都不缺少学习的积极性，他们比任何人都更加相信知识可以改变命运。大部分的农民子女在接受教育、接触到外界环境后，没有选择再返回农村，这也使得农村的人口越来越少，有能力、有文化素质、懂科学技术的农民更是寥寥无几，严重阻碍了农业现代化的进程。针对这一现象，政府以对农民进行职业技能培训的方式来提升我国农民群体的现代化农业技能，以此增加职业农民的数量。

尽管新型农民和职业农民的培育目的、培育思想基本相同，但是两者之间还是有很大差异的。从覆盖的层面上来分析，新型农民覆盖了整个新农村建设层面，不仅将职业农民囊括其中，而且包括其他所有加入到新农村建设中的农村劳动力。所以，从这个角度来看，新型农民中也包含了职业农民。

2007 年 1 月在中央一号文件中将新型农民定位为新型农业经营主体，同

---

① 闫志利，蔡云凤. 新型职业农民培育：历史演进与当代创新 [J]. 职教论坛，2014（19）：59-64.

年 10 月在党的十七大报告中重申"培育有文化、懂技术、会经营的新型农民"。实现了从"培训"到"培育"的转变，更加注重通过"环境"和"扶持"去"育"① 新型农民。2011 年 11 月，农业部、教育部和财政部等九部委联合印发《关于加快发展面向农村的职业教育的意见》，明确提出要以服务"米袋子""菜篮子"等工程建设和促进区域经济发展为目标培育新型农民，强调新型农民始终和经济发展的现实需求相结合②。

三、新型职业农民

随着社会劳动分工与职业分化的持续深入，社会主义市场经济日益繁荣，在社会主义市场经济体制下，农业也呈现出新的发展趋势，并持续向现代农业转型。现代农业与以往的传统农业不同，是以现代科学技术和科学的管理方法为依托的一种农产品生产行业，能够让人们在农业生产和经营中实现大规模化。现代农业能够让农产品的供应、生产、销售环节与市场产生极为密切的联系，是一种商品性的大农业和以市场为导向实行产业化经营的农业。现代农业就是一个具有越来越精细分工的大农业。在农业的专业化发展趋势中，一方面需要各环节之间的团结合作，另一方面需要农民转变自己以往的身份角色。

要使我国转变成农业强国，第一步就是要把传统的农业发展方式转换成具有规模化、专业化和集约化特征的现代农业。基于此，我国政府提出了建立新的农业经营体系的政策。其中，新型农业经营主体的培育是最为关键的内容。2006 年中央一号文件中首次提出"培养造就有文化、懂技术、会经营的新型农民"。强调加大投入，整合社会资源，以"有文化、懂技术、会经营"为标准发展农村职业教育和成人教育。在 2012 年的中央一号文件中，"大力培育新型职业农民"这一内容被正式提出，这是在前两次的基础上，对传统农民身份转变所做出的又一次探索，为农民的未来发展制定了明确的方针。在现代农业中，农民的角色定位发生了巨大的改变，成为一种职业，在某种意义上，结合职业属性、文化素养和科技素质等因素来看，甚至可以说农民与现代企业的经理并无不同。

---

① 刘天金. 为大力培育新型职业农民探路开道：谈谈如何做好新型职业农民培育试点工作 [J]. 农民科技培育，2013（2）：6-9.

② 王玉东. 乡村振兴进程中新型职业农民培育成效提升研究 [D]. 福州：福建师范大学，2019.

具有职业属性的新型职业农民，符合现代农业发展需求，而在市场经济快速发展及国家号召之下，新型职业农民的数量也在不断地增加。从当前我国农村的基本经营制度及农业生产经营的状况的角度来分析，新型职业农民即以农业生产作为职业、拥有农业方面的一些专业性技能，并以农业生产为主要收入来源的现代农业从业人员。具体来说，新型职业农民包括以下三种类型：以生产经营型为主的新型职业农民、以技术为主的新型职业农民，以及以社会服务为主的新型职业农民。生产经营型的新型职业农民是指农业专业大户、家庭农场主、农民合作社的带头人等，这一群体以农业为职业，其收入的主要来源是农业生产，此类人群拥有农业生产所需具备的资源，同时具备一定的专业素养和技能，以及一定的资本投资能力。而以技术为主的新型职业农民，包括农业工人、农业雇员等。他们是在新型生产经营主体（如家庭农场、农民合作社、龙头企业等）中比较稳定地从事农业劳动的一类群体，是具有一定的专业技术能力的以农业作为职业的劳动力。以社会服务为主的新型职业农民，是指农村信息统计员、农村服务人员、农村经纪人、村级动物防疫员、统防统治植保员等农业社会化服务人员，此类人群在社会化的服务组织中工作。此外，也可以是不依赖于任何社会组织，而直接从事与农业生产有关的服务，并以此为主要收入来源的个体。

与职业农民相比，新型职业农民不仅多了"新型"二字，其意更加突出职业农民面临的社会新环境，更加强调职业农民对现代农业生产方式的适应，以及对新型农业经营主体的支持作用①。与新型农民相比，新型职业农民与其最大的区别在于"职业"一词，新型职业农民更强调农民的职业化特征，这是一种职业，是能够自由选择的，他们在社会地位、社会公共服务和社会保障等方面与城镇居民均享有相同的待遇。与其他社会行业一样，新型职业农民有着明确而精细的专业分工，这就要求他们掌握与农业有关的一技之长。尽管仍然采用的是"农民"这一称呼，但是从实质上来说，它是一份可以得到社会尊敬的体面职业，可以通过种植农产品、销售农产品或为农业提供服务等方式来获得劳动所得，实现脱贫致富和收入增长。

"新型职业农民"可以看作国家为了让"传统农民"能够跟上时代的步伐所提出的一种转变农民身份的策略，但是从承担的社会角色角度来说，他们仍然属于"农民"，这里所说的"农民"并非一种身份，而是一种职业，是一种

---

① 庄西真. 从农民到新型职业农民 [J]. 职教论坛，2015（10）：23-28.

谋生的手段，指的是以农村为自己的长期居住之地，以土地和其他农业生产资料作为依托而长期从事农业生产的一类劳动人群。成为农民这一职业需满足以下四点：①土地，要拥有能够用于农业生产所必须具备的土地（耕地）；②时间，要确保绝大多数时间都用在农业生产上；③收入，应该以农业生产、管理为主要经济来源；④居住场所，居住场所应当有地域上的限定，需要在农村长期居住。

与传统农民和职业农民相比，新型职业农民不仅要满足以上提及的农民的普遍性要求，而且要满足自己特有的三个条件：①新型职业农民与市场关系密切，是市场的主体。传统的农户从事农业生产，主要是为了满足自己和家人的基本生活需要。新型职业农民却是为了获得最大的经济利益，他们主动加入到市场竞争之中，最大限度地运用市场规律，从而获得最大收益，与传统农民相比，他们的收入较高。②新型职业化农民群体具有很强的稳定性，且传承性强。稳定性是相对于短期的务农行为而言的，新型职业农民将从事农业生产和经营视为一种终身性活动，并会积极主动地培养接班人，使自己在农业领域取得的成果能够得到保护和延续。③与落后、保守的传统农民相比，新型职业农民表现出较强的社会责任感和现代化意识。与传统农民闭塞地进行农业生产不同，新型职业农民会更多地与社会接触，他们既拥有丰富的科学、文化知识和专业的科学技术知识，也需要在进行农业生产时，对保护社会生态环境负责。

❀ 第二节　新型职业农民构成与主要特征

一、新型职业农民构成

新型职业农民是一种与时代背景相适应的新产物，它总是与当下国家的总体发展形式和农业发展形式密切相关，因此，该群体所包含的成员结构和特征也会由于这两种因素的改变而发生相应的改变。乡村振兴战略，是我国政府从国家大局出发，与农民群体期待美好生活的需求相适应而作出的重要决策部署。想要实现乡村振兴，就不能缺少与时代特征相符合的新型职业农民的参与，这一群体并不限于新加入到农民队伍中的人，实际上，还有非常广泛的范围，著者结合该群体的身份变化及知识能力等，将其划分成以下三种类型。

（一）想务农、有经验的"老农"

"老农"与传统农民具有类似的特征，他们祖祖辈辈都在农村居住，有较长时间进行农业耕作的经历，因此积累了一些农业劳动经验，且愿意从事农业生产。此类人群年龄普遍较大，教育经历有限，甚至没有接受过教育，因此文化水平不高。其中的一部分人曾经进城务工过，但是受到自身文化水平、能力等方面的限制，在城镇中多依靠出卖力气而获得收入，随着年纪的增长，体力不断减弱，收入却无法增加，也无法拥有在城镇安家落户的经济资本，而被迫返回农村。但因为曾深刻感受到自身与城镇居民之间的差距，所以一代代的青壮年农民仍然选择进城务工。这些曾经进入过城镇而因为能力限制又被迫返回农村的农民，就成为目前农业生产的中坚力量。

在我国，农民历来都是勤劳的象征，虽然他们回乡是被迫的，但他们仍然保留着从事农业生产的积极性，而且掌握着土地、工具和经验等最基本的农业生产因素。但是，由于思想意识落后、劳动技术薄弱等方面的原因，使他们在农业方面的发展受到了很大的限制。因此，把旧农民作为培育的目标，改变他们的传统务农思想，提高他们的生产技术水平，使其成为专业大户、家庭农场主、合作社带头人等新型农业经营主体，对于实施乡村振兴战略具有重大意义。

（二）能创新、敢创业的"新农"

农业是一个国家的支柱性产业，为了加快其发展的速度，使其适应整个社会现代化的进程，就需要增强其内在的生命力，并吸收一些新鲜的血液。目前，我国的农业已经不仅仅局限于农产品的生产，而是具有了多重功能性，如生态功能、文化功能、社会功能等，且随着社会的不断进步和加速发展，越来越多的功能还在不断出现。随之而来的，农业的生产模式也从以第一产业为主转为多个产业的融合，农业不再是人们传统印象中没有学历和能力的人群的选择，而变成了一个有前途的行业。当前，我国农业和农村想要获得更为长足的发展，就需要更多地依赖于科学技术，才能进入创新的阶段。在国家政策的号召下，人们也逐渐看到了农业的发展潜力，与其他诸多处于饱和状态的行业相比，农业更是一片蓝海，所以，开始有更多的大学生、返乡的农民工、退役的老兵开始投身于新型职业农民的行列中，这些人群共同组成了"新农"。

"新农"由于求学、就业等因素，拥有了外出游历的经历，这种经历让他们的视野变得更为宽阔，并转变了其传统小农思想。无论是求学、务工还是参军，都能够让他们具有相当广的知识面和眼界，以及一定的资本投资和现代化的经营管理技能，对市场、政策等方面都具有很强的洞察力，擅长将技术与农业结合，有较强的企业家精神及创造力。因此，他们能够摒弃传统的种田模式，转而以高科技的方法来破解各种困难，从而实现以科技和智慧务农。此外，他们也注重如何塑造自己的品牌，提高自己的产品价值。这种能够创新、敢于创业的新型职业农民，将会是推动我国农业发展的主要动力。

（三）高学历、有情怀的"知农"

当今世界是以科技水平取胜的世界，任何行业的发展都离不开科技的支持，我国农业想要从传统模式转变为现代化模式，也需要借助科技的力量。当前的农民群体普遍存在着文化水平低、科技素养不高的现象，要着眼于长远发展，我国的新型职业农民除了需要不断地提高现代农业技术水平外，还需要全面提升整体素质，尤其是文化素养，具体原因有以下两点。其一，受教育程度较高的农民更能满足现代农业发展的需求。农民既是我国农业科技成果转化的主要承担者，也是我国农村技术进步的主要推动者。学历教育可以用坚实的理论依据和先进的观念来改变农民思想，使他们突破传统的小农户观念，激发他们的创造性。全球一体化的环境下，农业也包含其中，竞争的环境从国内变成了国际，为了提升我国农业在国际范围内的竞争力，就必须整体提升经营主体的综合素质，让农民能够用更广阔的国际视野去看待农业经营，从而增强其对国内和国外两种资源、两种市场进行统筹的能力，这样才可以保证我国农业在国际竞争中处于一个良好的位置。其二，受教育程度较高的知识型农户对专业化发展具有促进作用。通过学历教育，能够全面提升农民的知识水平和综合素养，让他们能够对农业产生一个全面且深刻的认识，能够熟练地掌握农业生产技术，并且拥有较高的经营管理能力，从而能够确保农产品的品质和安全，以适应市场的需要。农民的受教育程度越高，知识水平越高，越能促进农村经济发展。在我国，从古至今都崇尚学问，而一个人在社会上能否获得足够的尊重，在很大程度上取决于其文化水平和综合素养，文化水平越高、综合素养越优秀，就越容易得到更多的人的认同和尊敬，这一点同样适用于农民。然而，受二元经济结构的影响，农民更向往城镇的生活，求学也成为唯一的出路，所以农民往往都将学历教育作为摆脱农民身份的一种途径，从这个角度来说，学历教育在一定程度上加重了农村高质量人力资源的外流速度。综上所述，对农民开展学历教育，提高他们的文化水平和综合素养，必须以培育农业专业技术人员为目的，让他们能够通过自身文化和素质的提升，彻底转变人们对传统农民的消极印象，提升农民的社会地位，使这一群体得到应有的尊重，由此增强农民对自我身份的认同感。

二、新型职业农民主要特征

习近平总书记曾用"爱农业、懂技术、善经营"对新型职业农民的含义进行高度概括，其中"爱农业"被放在了第一位。"爱农业"包含着较多的意义，新型职业农民不仅要不断提高自己的专业技术水平，而且要有一定的经营管理能力，并具备一定的生态环保意识及较强的社会责任感，能够起到示范带头作用，带领农民群体实现致富的目标。让农民具有职业属性，是从传统农民到现代农民转变的关键点，而新型职业农民之所以能够作为乡村振兴的实施主体，就在于他们具备传统农民所不具备的职业素质，如职业价值观、职业能力和职业道德等，这些素质与乡村振兴所需要的人才相匹配。

（一）高度的职业认同

新型职业农民的价值观指的是"爱农业、爱农村"的思想，只有从内心真正地热爱自己的职业和职业环境，才能够充分发挥主动性和积极性，并充分激发自身的创新意识，为乡村振兴做出贡献。传统农民从事农业生产大多不是自我选择的结果，所以他们无论是在生产活动中还是在销售农产品后，都不能获得满足感，自然会将"农民"看作限制自己发展的枷锁，并会用尽一切方式来摆脱该枷锁，向往城镇生活。与此形成鲜明对比的是，新型职业农民对于"农民"这一职业是自主选择的结果，他们自愿在农村扎根，并且对自己的专业认同程度较高。在个体层面上，通过从事与农业生产、经营和服务有关的工作，为农业生产和生活提供了必要的经济保证。在社会层面上，科学高效的现代农业管理模式得到了广泛应用。在农民看来，成为一名新型职业农民，可以向社会提供高质量的农产品，并可以让自己的收入增加，不仅能够实现自我价值，还能够通过对农业现代化做出贡献来提升农民群体的社会价值，而且其能够反过来提升农民对"农民"这一职业的认同感和自豪感，使职业农民的队伍更加稳定。

（二）全面的职业能力

新型职业农民是现代农业人力资源的重要组成部分，其既具有较强的专业素质，也具有较强的领导力，能够起到一定的带头作用，引领我国农业加速进入现代化阶段。具体原因如下。

其一，新型职业农民具有基本的职业技能，也就是从事农业生产活动的能力。一是新型职业农民对于农业知识有一定的了解，不仅掌握一些基本的农业技术，而且具有使农业经营产业化的能力。二是新型职业农民也具有较高的文化水平和综合素质。

其二，新型职业化农民具备良好的现代职业能力[1]。与传统农民不同，新型职业农民群体具有较为细致的分工，这也使得其中的每个小群体都能够专于自己擅长的技能，所以更具有专业性[2]。拥有现代化的经营管理能力和组织合作能力，可以让新型职业农民在建立起一种理性的联结机制之后，能够在不同的领域建立起一个利益共同体，从而拥有更强大的市场竞争力。

其三，新型职业农民具有较强的创新能力。新型职业农民是经过培育的农民群体，而在培育过程中，培育方尤其会注重对他们创新能力的培养，在开展农业生产活动及经营时，他们能够充分利用自己的创造性思维和创新能力，在拥有的各项资源的基础上，在自己的农业生产和经营中，融入当前的新兴科技农业技术，如推动"互联网+农业"等新兴农业产业业态快速且繁荣发展等。

除以上提及的能力外，新型职业农民还具有极强的信息敏感度，根据当前国家的有关政策，及时地对农业生产、经营等进行调整，紧跟政策趋势和时代潮流，这都有利于乡村振兴战略的推进。

（三）良好的职业道德

新型职业农民既是农村发展中的重要组成部分，也是实现乡村振兴战略的主体，他们在具备高超的专业技能的同时，应具有优良的品德和责任感。在当前的新时代背景下，人民的消费结构逐步在升级，对于衣食住行等方面的消费

---

[1] 邱立民，钟宇红，马浩. 基于"农民荒"视角下新型职业农民培育的职业教育行动策略 [J]. 中国职业技术教育，2018（26）：26-31.

[2] 周桃英，姜莉莉. 精准扶贫视角下山区贫困地区新型职业农民的培育 [J]. 湖北农机化，2020（18）：3-4.

产品的质量要求越来越高，尤其是与食品安全直接相关的农业消费产品，越来越多的人开始关注其品质。而仅仅依赖于国家质量监管部门的监管，并不能真正地从根源上解决农产品所存在的一些质量问题。作为农产品主要供应群体的新型职业农民，就需要其能够对农产品的品质与利润之间的协同关系进行全面的理解，从而在整个生产过程中对产品的品质进行严格的控制，最终让消费者获得品质高、安全性高的农产品。

此外，新型职业农民的职业道德中也包括了生态道德。因为他们从事的是一个与自然环境直接接触的行业，需要他们能够秉持可持续发展理念，在发展农业的同时，保护生态环境。因此，在新型职业农民的培育工作中，一项重要的内容就是生态环境保护，通过相关培育内容的学习，在他们的心中形成一种软性的约束，使他们的生产及经营行为更加规范，并借此树立起敬业、诚信、服务社会、爱护环境的良好形象，提升农民的社会地位。

❀ 第三节　培育新型职业农民价值审视

一、新型职业农民是产业兴旺引领者

党的十九大报告中首次提出实施乡村振兴战略，并将其总要求明确为"产业兴旺、生态宜居、乡风文明、治理有效、生活富裕"。作为排在首位的"产业兴旺"，既是实施乡村振兴战略的首要任务和工作重点，更是乡村振兴的基础和保障。

只有把农村的产业做大、做强、做好，才能使农村的经济始终充满活力，成为乡村振兴永不停竭的动力。首先，农村产业的发生地为农村，农村广阔的资源为农业提供了生产资料，所以，在发展农村产业时，不能盲目地效仿城镇的工业发展模式，同时要避免千篇一律的发展模式，认清各地区的资源优势，秉持因地制宜的原则来发展农村产业。其次，农村产业发展的难点在于其不仅要与农民有着密切的利益关系，而且必须具有独特的农村价值和很强的创造力。围绕"农业增效、农民增收、农村发展"这一核心问题，实现农村由"输血"向"造血"转变，不断提高农民收入，推动农村产业发展，构建健全的农业产业链。最后，农村产业不能仅限于农业，要对产业兴旺和生产性服务

业之间的联系进行正确把握，并将重点放在利用生产性服务业来推动农村一二三产业的融合，培育出新型的农业主体，形成功能多样、业态丰富、品质取胜的现代农村产业①。要解决农村地区产业发展不均衡、不充分的矛盾，就必须使农村产业繁荣起来。结合以上论述，著者认为，要使农村实现产业兴旺，就需要因地制宜地发展农村产业。而在发展农村产业的同时，要维护好农村的生态文明，并实现农村一二三产业的融合发展。这是在当前新时代背景下，我国提出持续且全面地推进乡村振兴的首要任务，也是新时代对乡村产业高质量发展提出的更高的要求。

产业兴旺既是乡村振兴战略的一个总要求，也是国家坚持农业农村优先发展总方针的具体表现。产业兴旺指的是农业和与之相关的二三产业中的农村产业的全面兴旺，是实现乡村振兴的重要保证。农村的第一产业是农业，因此，产业兴旺首先要实现的就是农业的兴旺，而农业兴旺则需要依靠农业的现代化。人才是最重要的因素，缺少人才会严重阻碍农业的发展，现代农业不仅包括传统农业中的种植和养殖，而且包括加工、营销、物流等其他环节，而实现乡村振兴就需要这些类型的人才，新型职业农民就是此类人才的主体。因此可以说，培育新型职业农民，是保证农业现代化发展最重要的途径。

二、新型职业农民是生态宜居建设者

在乡村振兴中，生态宜居是非常关键的一环，它关系到广大农村居民的切身福利。拥有美丽且宜居的生态环境的乡村，不仅能够提高农民的生活品质，而且能够提升农民的幸福生活指数。因此，我们要始终把"绿水青山就是金山银山"作为乡村建设的原则，并将生态文明建设放在首位。当前，我国农村的生态环境还存在着许多亟待解决的问题，需要新型职业农民来扭转这一局面。农村大多地广人稀，本该拥有清新的空气和优美的环境，但是，在以往的发展进程中，没有节制地对大自然进行乱砍滥伐，过度开垦并使用化学农药，这些都破坏了农村原本优美的环境。另外，为加快城镇经济的发展，城镇将大量高污染、高消耗的企业迁往农村，进一步破坏了农村的生态环境，使农村居民的生活幸福感大大降低。且由于缺少科学的规划，以及与城镇相比，农村的公共基础服务存在明显不足，导致农村环境"脏、乱、差"的问题愈加突出。进

---

① 赵瑞. 新型职业农民培育中的地方政府职能研究［D］. 兰州：西北师范大学，2021.

入新时代后，人们开始关注农村生态环境日益严重的现状，在能够保证农产品供给数量和质量的同时，开始重视美好生活环境带给人的精神上的享受，而想要同时满足优质的农产品质量和宜居的人居环境的双重需求，就离不开生态宜居的环境的建设。

新型职业农民，是能够改善农村生态环境的主体，在新型职业农民进驻农村后，他们既是农村资源的利用者，也是生态宜居环境的建设者。新型职业农民培育是建设生态宜居美丽乡村的有力手段。原因主要有以下三点。

其一，通过新型职业农民培育，可以改变农业生产方法，将粗放、低效率的传统生产方式转变为生态化、绿色化、安全化的生产。例如，在春季，很多农民为了避免麻烦都会焚烧秸秆，这一行为不但浪费了大量的资源，还会对空气和环境造成非常严重的污染。利用新型职业农民培育可以将绿色、环保、节能等观念传授给农民，让他们懂得如秸秆、稻草等农业余料能够通过回收或加工，变成工业或手工制品，来创造经济效益。

其二，在乡村发展进程中，培育新型职业农民，可以提高农民的环保观念，可以在实现乡村振兴过程中，使农村的经济发展和生态文明建设实现协调发展。能够以本地的特色山水风光为依托，发展新型的绿色生态产业，让农村成为风景宜人、适宜居住的好地方。在这一进程中，农民的经济收入持续增加，农业效率提升，进而从根本上解决广种薄收的问题，推动农村退耕还林、还草进程，进而改善农村生态环境①。

其三，改善农村人居环境，需要新型职业农民。乡村振兴包含了多层次的内容，而改善农村的人居环境是实现乡村生态振兴的基础。农村人居环境的优劣会直接影响农民的生活质量，决定农民是否会热爱农村、热爱农业生产。当前，我国农村的人居环境仍然存在着较为严重的问题，这已经成为农村治理的核心。虽然在脱贫攻坚战略的执行下，我国农村已经基本实现了"一达标两不愁三保障"，农村的面貌也发生了巨大的改变，但饮水安全、生活垃圾处理、牲畜粪便排放等问题仍是农村人居环境治理的难题。新型职业农民对生态文明建设的重视程度很高，他们拥有环保意识，是农村生态文明建设的先行者。在培育新型职业农民过程中，要将垃圾处理、牲畜粪便的清理等知识融入其中，这样可以对农村人居环境进行有效的改善，从而打造出美丽宜居的乡村。

---

① 车双龙. 乡村振兴视域下新型职业农民培训路径研究［D］. 贵阳：贵州师范大学，2022.

三、新型职业农民是乡风文明传播者

乡风文明是农民素质的综合反映，是振兴乡村的灵魂和精神动力①。农业是我国的支柱产业之一，在悠久的历史中，农业养育着一代代的中国人，现在我国依然有接近人口数量一半的农民。农村也是传统文化的摇篮，由劳动人民缔造的"敬老爱幼""互帮互助""勤劳节俭"等美德，已成为中华优秀传统文化中不可缺少的一部分。但是，农村的环境是相对封闭的，许多农民存在着封建迷信、落后愚昧的思想。在新中国成立之后，党和国家一直在大力开展针对农民的意识形态工作，力求将传统的封建和其他一些陈腐的思想彻底清除，使其与当代社会相融合，并已经取得了巨大成就。然而，在改革开放之后，经济的增长提高了农民的生活水平，大部分农村也开始进入到分散经营的小农生产模式，但多数农民的文化水平较低，眼界有限，许多农民都存在"小富即安""安于现状"的思想。精神生活的匮乏，让农村出现了盲目攀比、大操大办、铺张浪费等不良风气，这些现象不仅影响了我国农业现代化的进程和精神文明建设，而且有悖于我国"和谐社会""美丽乡村"的良好形象，大大削弱了农村特有的"人情味"。另外，与城镇相比，乡村的精神生活比较匮乏，建设乡风文明，要有政府的指导，同时更不能缺少农民的自觉实践，培育新型职业农民，就是改善乡风文明的最佳途径。经过培育的新型职业农民，能够承担起乡风文明传播者的重任。

其一，乡风文明需要坚定新型职业农民的主体性地位。乡风文明要求增强新型职业农民的文化发展能力②。新型职业农民具备主人翁意识，并能够充分发挥好引导和示范作用，是乡村文化振兴的重要条件。在培育新型职业农民过程中，需要持续提升新型职业农民的思想文化水平、法治意识和现代农业科技知识，让他们可以成为乡村精英和乡贤，在乡风文明建设中很好地起到引导示范的作用。强化新型职业农民培育，既可以促进农村社会的发展，又可以提升乡村的文明程度，并使传统农民的思想品德得到进一步的发展，使他们能够传

① 张燕，卢东宁. 乡村振兴视域下新型职业农民培育方向与路径研究［J］. 农业现代化研究，2018，39（4）：584-590.

② 黄顺君. 习近平新型职业农民主体性思想及其现实意义［J］. 社会科学家，2018（9）：150-156.

承好的乡风，抵制陋习，重树新风。

其二，乡村文明建设是一个不断累积的过程，它与新型职业农民培育是一种相互促进的关系。乡风文明水平的提高与农村居民的整体素质，尤其是思想品德水平的提高密切相关。因此，对新型职业农民进行积极的培育，不但能够对农村的农业现代化起到积极的推动作用，而且能够在培养过程中渗透职业道德及其他科学文化知识，从而对乡风文明的建设产生积极的影响。新型职业农民十分注重对地方文化的发掘与继承，擅长以地方特色为依托，开发出富有地方特色的新兴产业，他们能够创建一个可以寄托乡情、寄托乡愁的精神家园，使整个社会都感受到农村的美好。

四、新型职业农民是治理有效推动者

治理有效是实现乡村振兴的基础条件，只有乡村治理有效，才能为乡村振兴各项事业顺利开展提供秩序支持，营造安定有序的社会环境。治理有效作为乡村振兴战略中的重要内容，是实现乡村治理现代化和善治的基本目标①。当前，我国乡村治理还存在观念缺失、体制失灵、社会组织培育不足、乡村治理人才缺失等问题②。

农村的面积通常比城镇要小，人与人之间的关系更亲密，使农村形成了一种与城镇截然不同的熟人社会关系。然而，随着社会的不断发展，农村传统小农经济被市场经济所取代，农民之间也不再如以前一般熟悉。虽然国家通过持续不断地宣传和教育，农民的法治观念得到了逐步的提升，甚至在一些地区中，部分村委会还能够结合国家相关法律法规及本村的实际情况，制定出适合本村治理的乡村民规，让村庄的治理效率得以大幅度的提升。同时，农民易被一些眼前的小利益所困，使得人与人之间的冲突和矛盾发生的概率增加，虽然可以依靠法律进行约束，但也正是因为农村所具有的这种"熟人社会关系"特征，有时候无法完全解决各种矛盾和冲突。而在当前新时代的背景之下，无论是想要实现乡村振兴，还是提高农村社会的和谐性，都需要农民充分发挥自己的主体性地位。因此，要想在农村进行有效的治理，就必须对农民进行自我

---

① 李博，杨朔. 乡村振兴中"治理有效"的实践路径与制度创新：基于陕南汉阴县"321"乡村治理模式的分析 [J]. 云南社会科学，2019（3）：55-61.

② 胡红霞，包雯娟. 乡村振兴战略中的治理有效 [J]. 重庆社会科学，2018（10）：24-32.

管理给予更多的关注。充分重视新型职业农民在农村治理中的主体性，提升新型职业农民在农村治理中的管理能力。

首先，通过新型职业农民培育，提升农民的管理理念，使他们能够更好地参与到农村的管理中，解决农村基层组织管理中缺乏专业人才的难题。在开展新型职业农民培育活动时，要适当地增加一些关于乡村治理、法律法规等方面的知识，逐步提升新型职业农民的治理理念，并且要根据实际情况，尽力为他们提供更多的参与乡村治理的机会，如在乡村治理实践中，可以充分发挥新型职业农民对产业知识学习的能动性，让他们参加到农村产业发展的讨论和计划中，从而提升产业的适应能力，并提高群众的支持率。增强他们参加农村深化改革的热情，成为高效治理农村的实施者和促进者，从而持续提升他们管理乡村的能力。经过培育的新型职业农民，他们对政策、法律都有一定的了解，且通常都有很好的自我管理能力，他们可以按照有关法律和村规民约来对自己进行严格的约束，并对党组织和政府的工作给予积极的配合。同时，新型职业农民能起到表率的作用，能够引领村民树立以德为本的意识，有利于传承我国优秀的民族传统文化。培育出一批批新型职业农民加入到农村的管理工作中，是解决农村管理人员缺乏问题的一种行之有效的方法。

其次，要持续提升新型职业农民的自我管理和自我服务的能力。在农村的管理工作中，自我管理和自我服务是十分重要的组成部分，对于新型职业农民来说，在农业生产及日常生活等方面具有更高、更多的要求，目前农村管理工作中仍存在一些问题，新型职业农民的治理诉求存在一定的差距。要想实现有效的农村治理，新型职业农民必须做好自我管理和自我服务。

综上所述，可以得出这样的结论：在新时代背景下，全力培育新型职业农民，对新型职业农民队伍进行增容，对于完善农村治理体制具有重要的作用。

五、新型职业农民是生活富裕创造者

"生活富裕"源于"生活宽裕"，前者侧重满足农户的温饱，后者侧重农户的全面发展，不仅注重农户的物质条件丰富，而且侧重农户的整体发展，同时重视对农村居民的心理需要的满足。乡村振兴战略针对"生活富裕"提出六项具体任务：优先发展农村教育事业、促进农村劳动力转移就业和农民增收、推动农村基础设施提档升级、加强农村社会保障体系建设、推进健康乡村建设和持续改善农村人居环境①。生活富裕应该是在消除贫困的基础上，乡村居民达到物质的富足和精神富裕的状态②。想要实现乡村振兴，首先要实现的是让农民的生活富裕。而想要让农民的生活变得更加富裕，就需要多方面因素的协同共进，具体包括发展农业带动农民增加收入，加强农村的基础建设、公共服务建设，提高农村居民的社会保障等。而想要做出这些改善，政府的决策和引领作用虽然必不可少，但同时离不开农民自身增收能力的提高。而新型职业农民是乡村振兴的主要力量，对乡村振兴具有至关重要的作用。让他们过上富裕的生活是乡村振兴战略实施的出发点和落脚点。与生活宽裕相比，生活富裕的含义发生了根本性的变化，生活富裕更多的是以提升农民的幸福感和实现农民的现代化为目的。

首先，想要实现生活富裕，努力必不可少，经过培育的新型职业农民具有与时代特征更相符合的现代化思维，他们敢于思考，敢于行动，是实现"乡村振兴""产业兴旺"的重要力量，他们在自己的领域努力工作，不但能够让自己过上富裕的生活，而且能够为农村带来物质和精神双层面上的巨大财富。培育和发展新型职业农民，既可以给乡村经济带来新的动力，又可以为农民增加收入提供新的途径。身为市场化的新型农业经营主体，他们的收入来源中最重要的一部分就是从事与农业有关的活动，这不但可以让他们奔向小康，而且可以让他们发家致富。他们自身的富裕也可以带动其他农民，以他们的生产经营行为为目标，对自身的生产和经营进行改善，进而达成提升农民整体生产经营水平和收入的目的，为其他农民增加继续从事农业生产的信心。

其次，通过培育新型职业农民，能够让流转到城镇的农村劳动力回转农村，并提高农民的收入。只有实现了物质生活上的富裕，才能够让农民关注到精神层面的需求，生活富裕，首要就是要实现农民衣食住行等方面的富裕。从当前的状况来看，农民依靠农业生产能够获得的收入还是较为微薄的，富裕的农户更多依靠的是家中的青壮年劳动力向城镇转移就业所带来的收入，很多职业农民从事农业生产时所付出的辛苦往往与他们的收入并不成正比，这让年轻一辈对农业及从事农业生产产生了畏惧心理。而新型职业农民具有较强的组织和服务职能。他们具有较强的信息获取能力和农业科技运用能力，能够结合市

---

① 中共中央 国务院关于实施乡村振兴战略的意见［N］. 人民日报，2018-02-05（1）.

② 雷若欣. 乡村振兴战略的"五大要求"与实施路径［J］. 人民论坛·学术前沿，2018（5）：67-71.

场的实时信息，提升农产品的价值，拓宽农产品的产业链，以推动农村一二三产业的融合发展，提高农村整体的经济发展速度，为其他农民创造大量的本地就业机会，无需背井离乡即可增加收入。他们还能够通过自身的组织能力，借助于农村合作社等组织，为进行农业生产的零散的本地农民提供农业技术方面的应用帮扶，从而提升农民的生产力，促进农民经营性收入的增加。健全利益联结机制，让零散的农民也能够为农业的现代化发展助力，提升他们的获得感和幸福感。积极培育新型职业农民，既可以提高就业能力，又可以实现农民的收入增长，最终实现物质的富裕。

最后，全力培育新型职业农民，壮大新型职业农民队伍，对农村产生的积极影响是多方面的，如农村教育、基础设施建设、社会保障、卫生保健、居住环境等。其一，通过新型职业农民培育能够发展农村的职业教育，并且可以通过转变农民的教育思想，加大他们对孩子教育的投资力度，从而改善农民家庭的整体素质。其二，对农业、民生等基础建设达到一定的促进效果，如对水利建设、农村公路建设等加大设计力度，以适应农村发展的需求。其三，通过对农户的适当培育，能够转变他们"生病了要依靠拖延，不肯及时求医"的思想。能有效地增强农民的卫生保健知识，降低农民的"因病致贫"。其四，有利于农村人居环境的建设，一种宜居的乡村生活环境可以提高农民的幸福指数。

第三章　发达国家及我国试点地区新型职业农民培育实践启示

🍀 第一节　发达国家培育新型职业农民实践及启示

一、发达国家职业农民培育基本模式

（一）美国模式

美国的职业农民培育模式是北美洲最具代表性的职业农民培育模式，其职业农民培育体系的最大特点是将科研、教育和推广三项合一。在美国，农民是一个民众都认可的职业，美国农业部门对这一职业进行了界定：新型职业农民是指具有 10 年及以上从业经验的农业劳动者。相对于其他发达国家，美国对新型职业农民的限制并不十分严格，准入标准也不高，是否可以申请成为新型职业农民，这一切都要靠民众自己做主。美国是一个农业很发达的国家，在美国各州，大约有 100 所专门培育农民的教育机构。美国拥有近 150 年的农业发展历史，它是第一个完成农业现代化的国家，农业产量一直位居全球前列，拥有丰富的大豆、棉花、玉米等农产品，是世界上最大的农业输出国。2008 年，美国政府推出了新型农民培育项目。2012 年，该项目被列入农业法草案的议题中。

（1）政府参与程度。美国在 2008 年开始重视新型职业农民的培育，在当年就出台了一项培育新型职业农民的计划，并计划在未来两三年内加大投资，重点对农民的经营管理能力和蔬菜种植技术进行培育。在新型职业农民培育中，美国政府主要发挥的是主导性作用，专项资金会送往各大高校、社会团体

和其他慈善机构，用来进行各种培育活动。

（2）法律及政策支持。对于新型职业农民培育的法律支持，美国政府沿用了2008年《农业法案》中相关的培育计划。在政策支持方面，由于美国的传统农业非常发达，生产和销售的联系非常牢固，这不利于新型职业农民的加入，因此，美国政府出台了一系列的措施来解决这一问题，如"认识农民，认识粮食项目"鼓励社区支持农业、直销农品。

（3）财政保障。对于新型职业农民的培育，美国政府在2008年的《农业法案》和2012年的《农业法草案》中分别给出承诺保障。其中2009年到2012年投入7500万美元法定资金用于新型职业农民的农业生产技能和农业经营管理能力培育；2013年到2017年投入5000万美元用于同样的培育资金支持①。

（4）职业资格认定。与其他发达国家严格限制职业公民的资格不同，美国对于职业农民的资格基本不设置限制条件，民众可以自主选择是否成为职业农民。对于职业资格认定方面，美国极具灵活性，这是因为美国的农业已经发展成为现代化农业体系，并不缺少农业方面的人力资源。

（5）培育形式。美国的新型职业农民的培育工作，主要是由各大高校、社会团体和其他慈善机构来实施。美国部分地区拥有比较好的教育质量和各种社会培训机构，因此，在这个过程中，政府所扮演的角色仅仅是领导和监督。

（二）澳大利亚模式

澳大利亚的新型职业农民培育模式是大洋洲最具代表性的一种培育模式。澳大利亚对农民的培育方式已经形成了成熟的体系，并得到大量国家政策的扶持。澳大利亚对农民的培育主要从农业教育、农民教育、农民培育、认证管理、政策扶持等方面进行，它们共同组成了一种高效的发展模式，为农业现代化的发展带来了可持续的推动力量，目前，澳大利亚的农业现代化已经达到很高的水平。

（1）政府参与程度。澳大利亚的职业农民培育体系比较复杂，大致可划分为两种类型：学历教育与职业教育。其中，学历教育包含的类型较多，具体有学前教育、义务教育、高中教育，以及大学高等教育等，各类型的院校是教育的主体。而职业教育一般采用的是由农场主和企业集团合办的技术继续教育

_____

① 牛奎元. 乡村振兴战略下新型职业农民培育研究 ［D］. 哈尔滨：黑龙江大学，2022.

学院或私营职业培育机构等形式，这部分教育机构的成立由国家出资 20% ~ 30%。从上述情况我们可以发现，澳大利亚在培育新型职业农民方面，政府主要有主导和引导两种方式。对于学历教育，政府负责主导；而对于职业教育，政府则部分出资，而后进行引导。

（2）法律支持。对于职业农民培育，澳大利亚政府制定了大量的法律法规，如《国家培育保障法》《职业教育法》《澳大利亚技术学院法》《职业教育与培育法》《职业教育与培育经费法》等①。

（3）财政保障。澳大利亚在新型职业农民培育的经费方面出台了明确的法律法规，《国家培育保障法》中规定了农业企业对于培育新型职业农民需要履行一定的义务及对培育机构的选择权，如每年营业额度达到 22.6 万澳元以上的企业，每年需要拿出 1.5% 的工资预算，用于培育自己的员工。此外，还会为培育机构提供一定的经费保障，在培育方案和项目上，政府会进行公开招标，并且每年都会增加投入经费的比重。

（4）职业资格认定。澳大利亚职业教育培育体系与学历教育体系互联，职业农民资格认证书与学历相互承认。

（5）培育形式。大洋洲的新型职业农民培育主要采取的是课程培育的模式，而澳大利亚则主要表现为各个层面的宏观引导与管理，如每个州都主要由专门的培育部来负责对农民进行职业培育，而且对负责培育的教师的农业理论和实际操作都有很高的要求，用这样的方式来获得高品质的培育效果。国家资金的大力支持也起到了非常关键的作用，对接受培育的学生有比较宽松的贷款条件来支持他们完成学业，对私人的农场主和企业开办的教育机构也有高达 20% ~ 30% 的资金支持，从而促进了新型职业农民培育的迅速发展。澳大利亚具有较为长期的新型职业农民培育历史，且比较早就实现了农业专业技术培育，并建立起一套完善的技术培育体系。澳大利亚形成了一套完善的教育培育制度和学制。其中，既有在一般学校开展的涉农教育，也有在专门的农科大学进行的专门培育。具体来说，新型职业农民的培育方式可以分成两类：一类是在正规学历教育阶段进行的培育，另一类是在职业阶段进行的培育，因此，其农业教育的领域也比较广泛。此外，澳大利亚将市场化的运作方式引入了新型职业农民培育的教育资源整合中，并建立起更为严格的政府信息审核制度，保证对农民的教育与培育能够顺利进行。澳大利亚全国技能培训体系中的资格培

---

① 胡景祯. 新型职业农民培育现状与发展对策研究 [D]. 长沙：湖南农业大学，2016.

育体系、素质培育体系，能够更好地对培育学校的培育体系进行管理，并与公司的招聘标准及需求相结合，从而提升培育人才的素质。与此同时，澳大利亚颁布了一系列的法令，将这些法令写入了本国的立法中，从而保证了整个职业农民培育系统的平稳运转，保护了新型职业农民的正当利益。

（三）德国模式

德国是第一个以严谨而闻名世界的国家，不管是在工业方面还是在农业方面，他们都非常重视效率。德国是一个历史悠久的工业大国，其工农关系问题的出现比我国更早，其成功的经验值得我国借鉴。德国的农业也具有非常发达的水平，其新型职业农民培育模式在西欧众多国家中极具代表性，主要采取的是学校和企业共同培育的模式，同时以网络为媒介进行辅助宣传。与美国宽松的资格不同，德国对农业从业者有更高的要求，95%及以上的德国农民都接受过正规的职业培育，这是因为德国把发展农业、培育农民与经济的增长和国家的繁荣密切地联系在一起。

（1）政府参与程度。在职业农民培育过程中，德国政府具有双重作用：一方面发挥着主导作用，另一方面发挥着协同作用。主导作用表现为，职业农民培育活动是在联邦政府和当地教育局的统一领导和协调下开展的，培育方式采取了校内外相结合的方式，也就是学生在学校里学习理论知识，而后再到校外的农场进行农业相关技术的实践；协同作用表现为，德国联邦政府鼓励社会性组织参与职业农民培育活动，并准许具备培育条件的农场对农民进行职业培训。

（2）法律支持。从 1950 年开始，德国的《联邦职业教育法》《企业法》就出现了关于职业培训的规定，特别是《联邦职业教育法》，明确规定了各州对农民职业教育的支持和监管责任。此外，《教育法》《就业法》也明确了要对职业农民教育进行规范，职业农民在上岗之前必须接受为期三年的正规农业职业教育，并在农场经过三年的学徒期后才能正式上岗。

（3）财政保障。德国的职业农民在培育过程中产生的经费，由执行者学校和农场共同承担。

（4）职业资格认定。三年正规农业职业教育+农场三年学徒期农业技能培育，通过资格考试后，发放绿色证书，方能上岗。德国的绿色证书得到了许多国家的认可。

（5）培育形式。德国的职业农民培育必须经过两个阶段的培育，才能够获得绿色证书。第一阶段为时长三年的正规农业职业教育，第二阶段为企业组织的三年农业技能培育或具有认定资格的社会组织进行的农业技能培育。而在第一阶段中，采取的是"双元制"的模式。德国政府和全社会对于农民培育都非常重视，认为这是教育体系的一个关键组成部分，因此，对于职业农民的培育产生了正规教育体系内的学校培育和正规教育体系之外的企业培育两种培育模式。"双元制"模式也是德国在新型职业农民培育方面与其他国家最大的不同之处，其具体表现为两个方面：一是学习地点的"双元"，即学校和农场；二是受培育人身份的"双元"，即学生和农场学徒。这一培育模式将校内的理论知识学习与农场中的实践紧密相结合，并且校内理论知识学时所花费的时间仅占整体培育时间的30%~40%，而农场实践技术学习所花费的时间却占到整体培育时间的60%~70%。从时间安排上我们可以看出，德国开展的职业农民培育更注重的是实践技能的培育，培育出来的是实用性的农业人才，并且技能的划分十分详细，包含园艺、酿酒、种植等十四个类别，其中每个类别下又有不同的职业方向，培育体系非常成熟，经过培育的人群基本上都有就业机会。

（四）韩国模式

韩国与我国同属于亚洲国家，但其无论是现代化工业产业还是农业产业发展均早于我国。其在职业农民培育方面实施得较早，位置与我国邻近，文化等方面也有着一些相似之处，其在职业农民培育方面的经验值得我们借鉴。

（1）政府参与程度。20世纪60年代韩国开始了现代工业化进程，大批的农村劳动力开始由乡村向都市转移，也由此产生了一系列问题。此后，为了避免再次出现农村劳动力不足的问题，韩国政府开始十分关注农业方面的教育问题，尤其是农村劳动力的职业培育和预备劳动力教育。韩国政府在农业职业教育中的介入程度非常之高，这也使得韩国的农民培育体系十分复杂。如韩国对农民进行的职业教育和预备劳动力的相关教育，都是在政府指导下进行的，有专门的机构，如农协、农业大学、农村振兴厅等，并有相关的法律作为培育保障，负责进行培育的诸多部门由主管部门统一负责，这些部门之间有着十分明确的分工，且能够互相协作。除了正规的政府部门外，韩国政府还会积极地吸纳其他社会资源，共同组成了一个完整的、统一的农民培育系统。

（2）法律支持。韩国的农民职业教育复杂体系背后有着明确的法律支持，如《农村振兴法》《农渔民后继者育成基金法》等，并且各级政府部门也会提供一体化的指导，为韩国的农民职业培育提供有力的保障①。

（3）财政保障。在韩国的职业农民培育体系中，韩国政府居于绝对主导地位，参与的程度也比较深。这也表现在财政保障上，所有农民职业培育所需资金均会由韩国政府提供，其中也包括了社会组织开展职业农民培育所需要的资金部分。这也与此类社会组织在开展职业农民培育时承担了一定的政府功能有关。此部分涉及的经费，在韩国的相关法律中有明确的规定，如《产业教育振兴法》《科学教育振兴法》《农业产学协同审议规定》等，农业高中、农业大学、农协大学和农科大学等正规农业类院校，由国家提供教育实习条件、教学设备、奖学金等经费，农民全部免费接受培育，所有费用都由政府补贴。

（4）职业资格认定。韩国的职业农民培育并不仅针对某一类人群，其涵盖的范围非常广泛，会在不同的时期，通过不同的组织方式，对不同的农业从业者或预备从业者进行针对性的培育，从而形成了"专业农民""少年农民"等许多种对职业农民的称呼。从广义上来说，韩国并没有明确的职业资格认证；而从狭义上来说，韩国的"农民接班人申请选拔制度"属于一种职业资格认证。韩国对于职业农民的培育，秉承的是一种终身学习的理念，这点十分值得我们进行借鉴。

（5）培育形式。与韩国较为复杂的职业农民培育体系相对应的是，韩国的职业农民培育形式也非常复杂，在培育系统中，以农协、农业振兴厅、农业大学和其他非政府机构为最高层级的培育组织。而在这四个最高级别的培育组织之下，又分别有许多的分支或类别，它们各自负责培育不同类型的农民。隶属于农协的组织负责培育专业农民，隶属于农业振兴厅的组织负责培育专业农民、农民骨干、农村青年和女性农民，农业大学主要负责培育骨干农民、专业农民、农业接班人和中青年农民。

综上所述可以看出，韩国在职业农民培育方面已经形成了一个较为复杂的体系。其中，既包含了政府性质的教育机构、农业研究单位，也包含了非政府性质的社会民间组织。这种模式对于我国当今的新型职业农民培育工作来说，存在着一定的借鉴价值，但并不适合直接挪用照搬，其中引入非政府性社会民间组织的形式是值得我国进行参考的。韩国所引入的这些组织在传授农业知识和技术等方面与直接聘请教师来比更具有专业性，至少在监督、激励机制上可以通过合作组织共同制定。

---

① 胡景祯. 新型职业农民培育现状与发展对策研究［D］. 长沙：湖南农业大学，2016.

（五）日本模式

日本和韩国一样，也属于亚洲国家，其在职业农民培育方面的一些经验和做法，对于我国来说，同样具有一定的参考价值。

（1）政府参与程度。在职业农民培育方面，日本政府的角色与韩国非常类似，扮演的是主导角色，全权负责统筹规划，相关政府各部门共同承担责任，将职业农民的培育纳入国民整体教育体系之中，该体系共包括了五个层次，分别是：大学本科教育、农业学校教育、农业高等学校教育、务农准备教育和农业指导式教育。

（2）法律与政策支持。日本在农业上所取得的成就，与农业教育的成功具有密不可分的关系。日本政府对于农业教育给予了全力支持，尤其是在法律和政策方面。从法律层面上看，以 1961 年《农业基本法》为标志，日本开始设立完善的农业价格支持体系和多项财政保障支持制度，而后又相继颁布了《农业改良促进法》（1977）、《食品、农业、农村基本法》（1999）。在政策上，对农业生产者的支持政策包括价格支持政策、收入支持政策①。

（3）财政保障。在《农业改良促进法》中明确了对农民增收的多项支持，加大投入服务于农民的公共服务、基础设施。

（4）职业资格认定。在职业农民培育思路方面，日本与韩国存在着一些类似之处，其整个教育体系中都包含着农民教育的部分，同时将农业改良普及事业作为辅助。在资格认定方面，日本和韩国类似，没有采用西方国家那种明确的职业农民资格认定方式，而是由不同的部门来负责不同类型人群的培育。以教育体系来说，日本采用不同层级的教育培养不同类型的农业人才：大学本科教育由综合类大学的农业学院和高等农业院校负责，主要针对的是农业高科技人才的培育，学生在毕业后，通常会进行科研工作，不会直接参与农业的生产与管理；毕业后主要从事农业生产管理的人群，主要依靠农业大学培育，其等同于我国的高等职业院校；应用型的农业人才，主要依靠农业高等学校负责培育，其等同于我国的中专和职高。

（5）培育形式。日本职业农民的培育包括两种途径：一种是以教育系统为主，另一种是以农业改良普及事业系统进行辅助培育。

---

① 胡景祯. 新型职业农民培育现状与发展对策研究［D］. 长沙：湖南农业大学，2016.

二、发达国家职业农民培育实践启示

（一）完备的职业农民成长法制

从前面在职业农民培育上取得了一定成绩的国家的相应实践中，我们可以发现完备的法律法规支持是它们能够取得成功的重要因素之一。在相应法律法规的护航之下，职业农民的培育工作更加顺畅，发展也更为迅速。法律法规的设置也非常完备，涉及农民成长的各个领域。例如，美国农业科技教育体系的不断完善和发展，得益于自 1862 年先后出台的《莫雷尔法案》、《哈奇法》、《史密斯-利弗农业推广法》等各项法律。韩国政府针对农业后继者和专业农户利益问题多次颁布法律法规，如《农渔民后继者的培育与教育》《农渔民发展特别措施法》等，并通过《兵役法》免除农业后继者的兵役任务，为农民积极参与职业培育提供了大量时间，把韩国农民培育工作落到实处①。

（二）系统的职业农民成长体系

通过新型农民培育实践能够发现各国的职业农民成长体系基本已经形成了系统化机制，通常是以政府为主导、各类高校作为辅助，再以非政府性的社会培育机构作为有效补充。主要体现在以下三个方面。首先，各国政府通常负责统筹规划，以及监督和管理。各国基本都在政府体系内设立了专门机构，用于管理职业农民培育工作的开展。例如，美国的农业推广部、韩国的农村振兴厅和农民教育院、日本的农民研修所等。其次，各国对职业农民的教育和培育的管理已经基本形成系统。例如，美国已逐渐建立起以农学院为接合部，各州农学院、农科所和农技推广站之间密切联系的农业教育培育体系。最后，职业农民教育培育的内容非常多样化，且具有时代特征。例如，美国针对职业农民开展的培育，除了最基础的种养殖技术外，还包括许多新兴农业方面的内容，课程内容也延伸到农业生产的全流程。日本不断地在丰富职业农民的教育培育内容，不仅对从业者所需要的农业系统知识和技能进行培育，而且涉及农业经营管理、农产品的储藏和加工等技术性知识。

---

① 邹君华. 我国新型职业农民成长机制研究［D］. 信阳：信阳师范学院，2016.

（三）多样的职业农民成长形式

由于不同国家的国情和经济发展速度不同，所以采取的职业农民培育形式也存在着一定的区别。但总的来看，各国在培育职业农民方面所采用的模式都具有灵活多变的特点。例如，韩国在培育职业农民时，采取的是"学券"制度，充分尊重了农民的自主性，"学券"可以用来支付农民的培育费用，从而最大限度地调动农民参加培育的积极性。法国是让农民自己选择培育的内容和时间，参加培育可以免费，甚至会得到一笔补贴。另外，网络建设在大多数国家基本已经完成，而利用网络又具有其他渠道无可比拟的便捷性，因此，许多国家还会运用互联网平台，为农民提供远程教育，包括农业知识和农业信息等，以加强农民的市场竞争观念，提高其市场营销能力。

（四）充足的职业农民成长资金

在职业农民培育上，很多国家的资金来源都以政府为主。一方面，政府通过经济手段，加大了对培育资金的控制力度，并通过间接拨款等方式，为参与职业农民培育的非政府性机构提供资金支持。另一方面，政府还通过行政手段，出台了各种优惠政策，如大部分报考农业大学的学生都可以享受减免学费和在读期间的伙食补贴等待遇。另外，在农业科研及推广上，很多国家都给予了大量的资金支持。

（五）严格的职业农民考核标准

很多国家对职业农民的培育工作都有严格的要求，尤其表现在教师的选择和学生考核两个方面。其一，从教师的选择条件来看，在美国，要想取得农民培育教师的资格证书，不仅要有农学方面的学士学位，而且要在农业方面拥有一些实际的工作经验。在德国，对农民培育教师的要求更加严格，要具有农业工程师资格学历。其二，在学生考核方面，许多国家的要求也都非常高。例如，在德国，农民被要求在获得绿色证书后才能开展农业生产。而最少需要花费 5 年时间才能够获的绿色证书，它共有 5 个等级，每个等级都必须经过 1 年的在校学习或者参加附加考试才能通过。取得 5 级证书，才具有成为职业农民的资格。

❀ 第二节　我国试点地区培育新型职业农民实践及成效

一、我国试点地区新型职业农民培育实践案例

我国地域辽阔，不同地区自然环境、经济发展速度等存在着很大的差别，这也影响了农民的基本素质和农业的发展速度。因此，著者选取上海市、福建省、陕西省、河南省 4 个具有代表性的地区，作为实践案例进行分析，为乡村振兴战略背景下新型职业农民培育工作的深入推进提供有益启示。

（一）创新多样化服务手段——以上海市为例

上海市一直坚持将构建城乡融合的城市现代绿色农业作为自身的发展理念，其发展目标是成为国家现代农业示范区，并把实现城市整体的农业现代化、增加农民收入作为一个阶段性的农业发展目标。然而，农民的整体素质偏低，对这一目标的实现造成了严重的阻碍。因此，从 2013 年浦东新区、崇明县被农业部选为第一批新型职业农民培育示范区开始，上海市农委根据本市的具体情况，逐步将 9 个涉农地区都纳入培育计划中，将新型职业农民培育扩展到全市范围内。上海市的职业农民培育工作的主要经验如下。

1. 创新培育思路及模式

在新型职业农民培育方面，上海市从起步至今，一直处于国内领先地位，这既与上海市政府重视、政策扶持、战略谋划有关，也与培育新型职业农民的独特模式有关，在两者的协同作用下，上海市已发展出一系列与产业发展相衔接、与创新驱动相适应、与农民需求相符合的新型职业农民培育模式。

其一，将理论教学与实践训练紧密结合。在严格准确地选择培育对象，将产业发展需要和农民培育需求定位清晰的基础上，按照公共基础、专业技能、能力拓展和现场教学等模块来构建培育课程。由此构建一个公开、共享的培育教师数据库，在开展培育活动时，不仅会聘用一些具有扎实的理论知识的专家和教授，加入到专业的培育师资队伍中，而且会从实践角度考虑，邀请取得了一定成绩的新型农业经营主体为受培育者传授自身经验。在注重受培育者理论

知识培育的同时，注重实践技术的培育，对于田间学校等实训基地，进行严格的管理，通过实训提高受培育者的生产与经营技能，将理论知识与实践紧密结合。

其二，结合农业生产的特点，采取分段的方式开展培育活动。上海市在开展新型职业农民培育时，充分结合了农业生产的特点，针对不同生产时段对农民技术要求的不同开展培育活动。例如，在进行生产时，农民需要的是能够提升产量和工作效率的技术；而在农产品完成生产后，则需要提高销量，开拓销路，注重的是产品价值的实现。上海市培训内容的确定一直都在结合这些不同的实际性需求而展开。

2. 提高培育科技含量

现代农业的发展需要科学技术的支持。想要推广通过科学技术研发出来的农业类成果，推动行业发展并提高经济效益，让整个行业及社会受益，需要依靠具有极强综合素质的新型职业农民。当前的科技水平日新月异，新的农业科学技术、新的原料种类不断涌现，信息的更新速度也在不断加快，这些也需要新型职业农民所掌握的知识、信息和技术具有一定的前沿性。上海市农科院在涉农地区进行了相关调查，调查结果表明，目前这些涉农地区从事农业生产的群体，最大的"痛点"是经营性收入在总体收入中所占比例偏低，这种现象出现的主要原因是农产品品种不够丰富，而雷同的产品类型又导致上市时间的集中。此外，品牌方面存在诸多相似因素也是主要原因之一。为了使这一问题得到改善，上海市农科院与农业广播电视学校联合，面向青年农场主和新型职业农民进行选拔，参考他们的需求和意见，共同制定了相应的培育计划和方案。而后，上海市农科院与农业广播电视学校也会经常性地进行农业科技项目的推荐和对接，将农科院可以用来合作的、成熟的项目推荐给广大新型职业农民，有意愿加入项目的受培育者，可以与相关专家进行面谈，来确定自己是否适合参与项目。此外，还以"互助结对"的方式让青年科技人员为新型职业农民提供帮助，这一举措不仅可以随时为新型职业农民提供技术帮助，而且可以为技术人才提供一个施展才华的平台，达到优势互补的目的。

3. 针对性倾斜扶持政策

为了提高新型职业农民的发展水平，提升新型职业农民培育的成效，上海市不但提出了更高层次的培育目标，而且提出了更为严格的认定管理、扎实的延伸服务和精准的政策扶持等要求。在达成目标的实践活动开展上，上海市除了严格执行农业农村部关于"新型职业农民"的认定管理的指导方针，加强对新型职业农民认定管理的工作外，还在积极推动农业扶持政策向持有新型职业农民资格证的农民倾斜：其一，对持有新型职业农业资格证的农户，在购买农机具、流转土地和农业基础设施等方面，能够享受一定的优惠；其二，在农民取得新型职业农民资格证后，不仅可以享受到一次性的奖励，而且如果农民有意愿接受学历教育，还可以减免学费。另外，家庭农场、专业大户和农业企业等新型的农业经营主体，获得新型职业农民资格证后，在农业旅游项目、规范化示范园项目、产业化贷款等项目的扶持政策方面，可以享有优先权。这些举措对提高新型职业农民的育后发展能力起到了明显的促进作用。

4. 重视青年农场主培育

上海市在选拔培育对象时，十分注重他们的年龄和学历，逐渐向年轻化和高学历倾斜，因此培育出一批批具有较高农技水平的年轻职业农民，他们在农业、农村等领域的创业创新中也开始初露峥嵘。为了帮助年轻的、高学历的农业从业者走上创业创新之路，上海市农业农村委员会于2015年、2016年先后举办了两次年轻农场主的示范性培育班，其选拔对象主要是在郊区拥有一定产业基础的青年家庭农场主，或者是拥有较好的产业基础，并立志成为家庭农场的种养大户、农民合作社骨干，以及拥有较强农业创业意愿的返乡大学生、中高职毕业生、返乡农民工和退伍军人等。在培育课程内容方面，不仅讲授理论课程，而且开设实践课程，将理论和实践紧密结合，提升参加培育学员的综合能力。在培育结束后，参加培育的学员会根据自己的实际情况，制定自己的创业方案，并不断对方案进行改进，最后让项目成功落地。上海市农业农村委员会并不认为培育班结束就完成了培育任务，其对育后也非常重视，如在2017年6月，召开了"百人"青年农场主座谈会，召开此次座谈会的主要目的是解决这些农场主在生产和经营方面遇到的困难和难题，上海市农业农村委员会邀请多位相关领域的专家参与座谈会，现场解答问题、讲解政策，助力青年农场主强化自身对市场的适应能力。除了生产和经营上常常会遇到问题外，资金不足也是青年农场主普遍会面临的问题。针对此问题，上海市对新型青年农场主的申贷方式进行了改革，引入了保险公司作为他们的信用担保，让申请贷款变得更容易，通过率也更高，在很大程度上解决了青年农场主信贷困难问题。

5. 拓宽职业成长空间

上海市在培育新型职业农民上，除了立足于本市外，还广泛开展跨区域的交流活动，在全国范围内与多个省（自治区、直辖市）签署了产业对接和项目方面的合作协议，不仅打开了本市农产品的销路，而且为新型职业农民提供了更广阔的交流渠道。其一，以交流研讨会的形式，让本市青年农场主与其他省（自治区、直辖市）的青年农场主共同交流，分享在生产和经营中总结的经验，互相借鉴，共同成长，让政府相关部门也能够从中总结出经验，探索出新型职业农民培育更为行之有效的方法。上海市农业农村委员会与广西壮族自治区农业和农村委员会于 2017 年 4 月签署了现代青年农场主交流活动框架协议，这对于促进双方新型职业农民培育工作水平的提升具有重大的意义。其二，加大了产业发展的跨地区深度协作力度。以上海市与黑龙江省的合作为例，2018 年 3 月两地共同举办了一次新型职业农民对接洽谈会，黑龙江省由于所在地域土壤的原因，在农业方面十分具有优势，并拥有丰富的资源，所生产的农产品质量上乘，但是，由于地理位置较为偏远、运输成本高等原因，农产品的价值往往无法得以很好的体现。而上海市是一个有市场、有人才也有资本的国际化城市，并且其开展新型职业农民培育活动较早，在培育技术、资源、经验等方面均具有优势。除此之外，上海市的新型职业农民培育也已经取得了一定的成效，获得新型职业农民资格证的新型职业农民在农产品附加值的创造和实现环节都具有丰富的经验。在对接洽谈过程中，两地可以形成强大的合作关系，既可以提高黑龙江省农产品的价值，又能够满足上海市庞大农产品市场的需要，使双方均有收获。

（二）搭建信息化教育平台——以福建省为例

在我国，福建省属于气候较为炎热的地区，这种气候非常适合茶叶和热带水果生长，所以它们也成为当地农民主要种植的农产品，并且在我国所有的农产品经济作物中也居于举足轻重的地位，与茶相关的产业更是闻名于世。2012年，福建省长汀县、永定区和漳平市被国家农业部选为国家 100 个培育新型职业农民的试点地区，这三个地区也成为福建省发展新型职业农民的先行者。到2016 年底，试点区域已基本覆盖了福建省，共培育新型职业农民接近 40 万名，能够引领全省农民大力发展农业产业建设的新型职业农民队伍已经初步成型。之所以能够形成如此局面，一方面是因为在福建省委带领下，教育、财政、共青团、妇联等部门都发挥了重要作用，组成了一个强有力的合作组织；另一方面离不开现代信息化技术在培育新型职业农民过程中的融入。

1. 搭建农村实用技术远程培育平台

福建省在新型职业农民培育方面开展了三大工程，农村实用技术远程培育平台就是其中之一。该工程充分利用现代通信技术，打破空间限制，让农民无须到现场就能够接受培育，福建省财政厅每年都会拨款 200 万元作为该项目的专用资金。一方面，福建省农业农村厅会根据农业生产的季节性特点及农户的具体需要，与农科院及相关职能部门合作，邀请各种类型的农业专家，借助于全省应急视频会商指挥系统及福建电视台公众服务频道，开展教学活动和实况转播，并线上解答农民遇到的问题。此类活动每个月举办一次，能够极大地提高培育活动的时效性，且十分便捷，因此参与的农民数量非常多，取得了明显成效。另一方面，福建省大力强化互联网平台的建设。在福建省新型职业农民教育培育网上，农民既能获取最新的农产品行情信息，又能与同行进行相互沟通，互相分享自己的经历与体会。此外，此网站还推出了大量的门类齐全的互联网实用技术课程，让浏览者可以在任何时间、任何地点学习最新的农业生产和经营技术。

2. 狠抓学历教育网络平台建设

全面提升新型职业农民的素质是新型职业农民培育的目的之一，而受教育程度不同，在各方面素质上表现出的水平也具有较大的差异性，因此，新型职业农民自身所接受的教育的水平，成为新型职业农民资格证等级认定中一个主要的考量因素。基于此，福建省选定了福建农林大学、福建农业职业技术学院等在内的 7 所高校，结合受培育农民的实际需要开设相关专业。且每年安排 3000 万元的专项培育资金，选拔有学习意愿的青年农民免费进入高校接受非全日制大中专学历函授教育，仅 2017 年就有 2000 名农民参加各农业院校的非全日制大专学历教育[①]。同时，福建省充分考虑到部分农民对于参与固定时间和地点的培育活动可能存在一些困难，将课程开展的时间和地点变得更加灵活，全力建设农业科教云平台和云上智能 App 等互联网平台，让接受培育的农民可以充分享受信息化带来的便利，在线上和线下都可以灵活地进行学习和考试，而后获得大专学历，从而提高新型职业农民的文化水平。

3. 完善新型职业农民信息管理系统

2015 年 9 月，经广泛征询各方意见后，福建省农业厅与其他有关部门共同制定了《福建省新型职业农民认定管理和扶持办法》，为福建省提供了一套

---

① 吴佩. 福建新型职业农民近 40 万人［N］. 农民日报，2018-03-22（8）.

完整的"培育前、培育中、培育后"的全面性政策。在全省扩大培养新型职业农民范围的背景下，为贯彻落实《中共中央 国务院关于实施乡村振兴战略的意见》，进一步加强培育新型职业农民的工作，福建省农业厅等 7 个政府相关部门对原有扶持办法进行了修改和完善，对认定条件和认定流程进行了进一步的规定，以加强对全省新型职业农民认定工作的管理与指导。对于符合资格的农民，以政府和农业部门的名义，向他们发放新型职业农民证书，并由福建省农民科技教育培训中心构建对证书的信息管理平台，将被认证的人员的信息输入其中。这既是对全省新型职业农民的规范化管理，又能够让金融信贷、土地流转、农业补贴、"三农"保险、继续教育等在内的新型职业农民专项扶持政策制定得更加合理，执行得更加到位。

福建省农业厅还注重以奖励、比赛等方式发掘新型职业农民队伍中的先进人物，如 2017 年福建省农业厅组织的"福建新型职业农民风采"活动、福建农业职业技术学院举办的"漳农公社杯"茶王大赛等，利用网络平台进行先进经验的宣传，推广先进做法，既对新型职业农民产生了激励作用，又扩大了其在社会上的影响力。

（三）构建系统化培育体系——以陕西省为例

在全国范围内，陕西省是较早开始探索新型职业农民培育的地区。2012年设立了试点；2013 年，在全省范围内启动了"新型职业农民塑造"工程；2014 年至 2017 年，陕西省连续被我国农业部列为"全国职业农民培育整省推进示范省"。陕西省始终在培育新型职业农民方面进行不懈的努力，并摸索出多种培养方式。陕西省的经验对我国其他省（自治区、直辖市）的新型职业农民培育工作具有良好的参考价值。

1. 构建四套培育体系，提升培育成效

陕西省政府为了提高新型职业农民的培育效果，构建了四种培育体系。其一，完善以农广校为主体的新型职业农民培育体系。从 2014 年起，通过投入专项经费，建立起省、市、县三级培育网络，从软硬件两个层面上，逐渐使农广校的建设规范化。其二，建立完备的理论教育体系。为强化新型职业农民培育的理论体系建设，在陕西省农业部门主导下，在西北农林科技大学指导下，于 2016 年成立了"陕西省新型职业农民培育学院"，对取得新型职业农民资格证的新型职业农民进行有计划的系统的理论教育和学历教育。强化与各市重点培育院校的联系，构建产学研结合、大学理论与生产实践相结合的"三阶段培养"模式。其三，建立完善的实践训练体系。陕西省通过挂牌管理的方式，依托家庭农场、合作社、龙头企业等新型农业经营主体，逐渐建成了实训基地、农民田间学校、创业孵化基地、综合类基地四类基地相互融合，省、市、县三级贯通的新型职业农民实训网络。最有代表性的就是陕西省农业广播电视学校杨凌区珂瑞农民田间学校，它在2017年被国家农业部确定为国家培养新型职业农民示范基地。该校依托合作社建立，在推动全省农业科技创新、新型技术推广、调整优化产业结构、引导农民脱贫致富方面发挥了重要作用。其四，建立完善的沟通系统。陕西省充分运用各种传媒手段，对培育新型职业农民的方式进行了探索，并抓住"互联网+"这一机遇，适时开展了网上培训课程，并利用网上平台让学员参与教学活动和交流。例如，以微信平台为中心，创建公众号、微信群，打造出一个微课堂，最终构建出一个全天都可以进行交流和学习的网络体系。

2. 成立职业农民协会，发挥组织优势

为了促进新型职业农民的成长，陕西省首先建立了市级和县级两级协会。在此基础上，经有关部门同意，2018年8月5日在杨凌示范区的一个高新技术产业示范区正式组建了我国首个省级职业农民协会，即"陕西省职业农民协会"。此协会是一个全省性、联合性、非营利性的社会团体，成员主要是职业农民和农民企业，以"做给农民看、教会农民干、帮助农民赚"为宗旨。一方面，可以将协会内部的技术、资金、人力等资源要素进行有效的融合，用统一技术和标准的方式，为农民提供技术培育和服务，推动农业先进技术的普及和推广。另一方面，能够充分利用成员之间的"传帮带"功能，让此协会成为全省范围内一个典型的新型职业农民交流与服务平台，以促进农村中小规模农户的成长。此外，以陕西省的特色和优势行业而建立起来的职业农民协会，在市场上也具有很大的影响力，这将有助于提高新型职业农民的市场竞争力，从而引导全省新型职业农民更好、更快的发展。

3. 帮扶困难职业农民，助力脱贫攻坚

在陕西省政府的一系列政策扶持下，新型职业农民的队伍不断壮大，他们的带动效应也日益凸显出来。而农业和农村发展的短板在于贫困农户，为了补齐短板，陕西省农业部门在2017年做出以贫困农户为主要培育对象的决策。以政府牵头主导，充分发挥新型农业经营主体的带动作用，重点针对贫困地区和贫困农户开展培育活动，鼓励新型职业农民和贫困农户以结对子的方式互帮互助，共同发展，针对不同贫困地区所独有的特产，推动其产业化，对有兴趣和意愿且有一定劳动能力的贫困农户，进行生产技术培训、订单销售服务培训，以带动贫困农户增收致富。例如，在安康市汉滨区，以"职业农民+协会+贫困农户"的产业扶贫方式，以职业农民组成的协会通过精准培育和精准帮助等方式，帮助贫困农户发展自己的产业，增加收入，摆脱贫困状态。

（四）创建多元化培育体系——以河南省为例

河南省作为我国传统农业大省和粮食生产大省，既是全国"三化"协调发展示范区，也是新型职业农民培育整体推进示范省。在政府部门带领下，通过全省上下努力，河南省高素质农民培育工作按照"为产业育人才、育人才促产业"的基本工作思路稳步前行。

1. 高度重视农民教育

农民教育是一种面向农民开展的教育活动。随着时代的发展，农民教育的内容也在逐渐丰富，它既包含科学、文化、政治、思想等方面的教育，也包含职业技术培训，这些内容的结合能够有效地提高农民的整体素质。提升农民的社会主义意识，以及他们的文化和科学素质，是我国农民教育的目的，也是为社会主义物质文明和精神文明建设、为实现农业现代化而服务。从当前来说，对农民进行教育的主要任务是开展职业农民培育活动，通过培育，让农民具有符合时代需求的高素质，也就是成为新型职业农民。近年来，河南省开始实施百万乡村振兴带头人学历提升计划，注重农民的职业教育，依托省内各层级的农业广播电视学校，将"学历+能力"定位培育目标，开展新型职业农民的系统化培育，并取得了较为卓越的成果。河南省新型职业农民培养体系是由省级、市级、县级、村级等各级政府成立的培育机构为主，形成了省级、市级制订培育计划，并给予整体性指导，县、乡、村三级政府负责组织和实施的五级培育网络体系。此外，还有一大批由教育部门和民办农民专业技术培育学校组成的农民专业教育培育组织，利用自身优势，主动参加培育新型职业农民。当前河南省对农民进行的职业培育可以划分为两类：一是对农村劳动力进行学历教育，通过培育活动的开展可以全面提升农村劳动力的学历层次和文化水平；二是非学历教育，通过对各类农民进行非文化知识培训，以提升他们的职业技术能力。2019年印发的《河南省高素质农民培育工作实施方案》中明确提出"要重视培育高端人才，积极举办高端人才培育班"的要求。提高对农民学历提升的认识，支持培育机构组建各级农民学历提升班次。此外，河南省政府还将最好的教育资源向农民的职业教育倾斜，从而提升农民参加培育活动的积极性，如对学员采取免除学杂费、发放生活补贴等方法来支持农民参与培育活动。河南省作为一个以传统农业为主的大省，在一定程度上制约着现代农业和农村经济的发展，所以河南省十分注重对农民的培育，把重点放在提高农民的整体素质上，培育新时代高质量的农民，为实现乡村振兴注入强大的人才力量，为实现中部崛起奠定坚实的基础。

2. 不断出台相关政策

河南省人民政府、河南省农业农村厅高度重视新型职业农民培育工作，近年来，不断出台相关政策，指引河南省的新型职业农民培育工作，各级机关单位、涉农院校积极配合工作，共同助力新型职业农民培育工作稳步前行。2012年，河南省开始新型职业农民培育试点工作，2016年被评为整体推进示范省[1]。2016年河南省政府印发了《关于加快推进新型职业农民培育工作的意见》，指出要在全省范围内持续推进新型职业农民培育工作。2016年在全省范围内遴选出河南农业职业学院、河南省农业广播电视学校、河南广播电视大学等20家单位为河南省新型职业农民培育基地，为河南省新型职业农民培育工作提供保障。"十三五"时期，河南省不断加大新型职业农民培育力度，累计培育100多万人[2]。2020年7月28日，河南省农业农村厅印发的《河南省2020年高素质农民培育工作实施方案》中指出，深入推进农民教育培育提质增效三年行动，分类培育现代农业带头人。每年省农业农村厅、财政厅联合下发新型职业农民培育工作实施方案，全省69个县出台了新型职业农民扶持措施，2020年新增返乡下乡创业人员16.40万人，带动就业74.68万人。2022年河南省委一号文件指出，2022年河南省完成农业农村从业人员和转移就业劳动力培育持证任务50万人次，将继续加强高素质农民和农村实用人才培育，突出抓好家庭农场经营者、农民合作社带头人培育。河南省新型职业农民培育工作稳步前行，取得较好的发展[3]。

3. 创新划分培育对象

河南省作为一个农业大省和人口大省，千篇一律地对省内全部农民进行职业培育是不切实际的，这不但会浪费大量的人力和财力，而且会降低培育效果。为此，需要结合不同区域和人群的特点来分片培育，首先确定开展培育活

---

①②③ 于瑾瑾. 乡村振兴战略背景下河南省新型职业农民培育效果研究 [D]. 新乡：河南科技学院，2022.

动的区域和对象。河南省非常重视新型职业农民的带动效果，以培育出来的新型职业农民助力产业扶贫、产业脱贫，为各贫困县制订了培育产业扶贫带头人的工作计划。在培育新的经营主体带头人时，充分调动他们的积极性，引导他们发挥自身的作用，引导贫困农民学会致富之道。将现代农业高质量发展作为培育新型职业农民的主要目的，将满足粮食和重要农产品的生产培育需求，以及农业高素质人才的需要放在培育的首位。对县域特色产业展开全产业链的培育，培育特色产业的对口人才，推动特色产业的全面发展，进而带动县域经济的发展。在选择新型职业农民培育对象的时候，十分注重广告宣传的作用，对拥有一定的农业生产规模、产业基础、创业欲望，且迫切需要提高自身素质和生产技能的人员进行筛选，并将其列入培育对象数据库中。通过报名、推荐和基础知识测试等一套流程，对报名参加培育活动的农民进行甄别，并进行精确的选拔。河南省参与遴选的新型职业农民来源非常广泛，既有农户、农场主、返乡创业人员，还包括各类技术人员，以及电商经营者等。因此，河南省结合培育对象进行重点区域与人群的划分，充分发挥各种资源优势，提高培育成效，并以其为纽带，促进周边农户的发展，以多点带面，促进乡村经济发展。

4. 严格选择培育机构

新型职业农民培育工作的实施主要由各培育机构负责。因此培育机构各方面的优劣会直接影响培育的结果，对培育新型职业农民的成败有决定性的作用。基于此，河南省构建了"一主多元"的新型职业农民培育体系，在河南省丰富的培育资源和人才的基础上，优先将培育工作分配到各省综合类示范基地。2017 年，河南农业大学、信阳农林学院、河南农业职业学院和河南省农业广播电视学校 4 个新型职业农民培育基地入选全国首批 100 个新型职业农民培育示范基地。2018 年，河南省牧业经济学院、河南省信阳市茶叶试验站、安阳全丰生物科技有限公司等 5 个培育基地入选全国新型职业农民培育示范基地名单。河南省累计遴选建设各类农民培育机构 453 家、培育基地 1000 多个，建设农民田间学校 1586 所，建设省、市、县三级资源共享师资库 2598 人。河南省已有较多的农民专业合作社、农业产业化龙头企业、农民专业技术合作社等，政府鼓励并指导他们利用自己的资源，建立农民田间学校和实训基地，积极加入到新型职业农民的培育工作中。河南省规定，各地应遵循公平、公正、公开的原则选择培育机构（基地），对培育机构的教学场地、配套设施、实习场地、实训基地、教师队伍、管理人员等方面要进行严格的规范，选择符合条件的机构来承担培育工作，对培育工作的标准和流程进行明确，并积极接受社会监督。

二、我国试点地区新型职业农民培育成效分析

（一）新型职业农民培育制度逐步健全

目前，在全国范围内已经初步形成了教育培育、规范管理和政策扶持"三位一体"，生产经营型、专业技术型和专业服务型"三类协同"，低、中、高"三级贯通"的培育制度框架。为今后更大范围新型职业农民培育工作的开展奠定了规范化、系统化和标准化的体制依据。

首先，从教育培育的角度来看，在选择培育对象方面，各个省、市、县要按照农业农村部的要求，将自己的农业发展实际需要和农民的意愿结合起来选择培育对象，并能够结合现代化农业发展的需求，从长久发展的角度出发，以种植养殖大户、家庭农场主、农业合作社的负责人、返乡创业人员和返乡大学生等具备一定教育基础或具有培育潜力的人群为主要选择范围。而从具体负责培育的主体来看，主要是以政府为主导，充分整合高校、农业培育机构等，实施新型职业农民的培育。在培育课程选择上，在对本地的农业行业特点及农民特点有足够认识的基础上，对课程进行科学的安排，注重培育群体的需求与课程内容的匹配，因地制宜，因人而异。在培育方式上，一是要突出理论联系实际，并加大各类示范基地和田间学校的建设力度；二是要强调"线上"与"线下"教学的有机结合，强化网络培育平台建设，为参与培育的群体提供更为自由的学习条件，以提高他们参与培育的积极性和主动性；三是既要重视技术培育，也要重视学历教育，科学安排授课课时，与涉农高校合作，实行"弹性学制"。

其次，从认定管理的角度来看，各试点地区均能够以"政府主导、农民自愿、突出重点、统筹推进、因地制宜、分类认定"为原则，在具体的新型职业农民认定过程中，采取分类和分级的方式。同时，从各地的农产品产业特点出发，确定认定的标准、条件和程序，针对完成培育并获得新型职业农民资格证的农民，建立信息管理库，实行规范化、动态化管理。完善退出机制，在动态跟踪管理过程中，一旦发现持证农民有违法违规、不服从管理等行为，抑或是不能通过定期考核，会将其证书注销。

　　最后，从政策扶持的角度来看，各试点地区在加大基础设施建设力度的基础上，探索出许多农业科技推广和新型职业农民培育相结合的新模式。为了保证新型职业农民开展经营活动对耕地的需要，各地通过对土地的合理流转和对耕地的承包向新型农民倾斜等方式，使作为农业生产重要生产资料的土地能够充分满足新型职业农民的使用需求。为了解决资金短缺问题，各地政府不但建立了专门的财政基金，对参与培育的人员进行无偿培育，而且采取了贴息补助的方式，对新型职业农民群体提供贷款服务。虽然现代农业已经开始借助现代化手段进行生产，但是受自然条件等影响，农业仍然是一个有风险性的产业，而且其发展规模越大，风险性越高。对此，农业部门应积极探讨适用于新型职业农民的险种，并在资金上给予直接扶持，全方位降低新型职业农民从事农业生产的风险，鼓励更多的人加入新型职业农民队伍中。此外，各地还致力于解决农村和农业后继无人的现状，从基础设施建设、公共服务和社会保障等方面进行改善，努力向城镇靠近，以此来提升农民的生活品质，解决农村留不住人才的问题。

（二）新型职业农民培育体系逐渐完善

　　各试点地区在新型职业农民培育工作方面都已经进行了多年的探索，从现有发展态势来看，各地政府部门不再是培育工作开展的单独主体，而是逐渐形成了各界相关单位积极参与的完善的培育体系。开展新型职业农民培育工作时，社会层面的各种涉农力量也为其提供了重要的助力，包括农广校、涉农院校、科研院所、农技推广机构等，大幅提升了育后的相关服务质量。各类新型农业经营主体积极建立实训基地和农民田间学校，初步形成了以各类公益性涉农培育机构为主体、多种资源和市场主体共同参与的"一主多元"新型职业农民教育培育体系①。逐步开展"新生代职业农民培育工程""农场主素质提升工程""创业农民培育工程"等具有全局性、导向性意义的各类工程项目，实现了新型职业农民教育培育体系和载体创新。

---

① 农业部印发《"十三五"全国新型职业农民培育发展规划》［J］. 农业工程技术，2017，37（3）：19-24.

（三）新型职业农民队伍开始崭露头角

在国家政策的不断号召下，各地政府越来越重视新型职业农民的培育工作，不断加大了政策的指引力度，并从各方面给予扶持，经过多年的探索，培育范围不断在扩大，参与培育的人数及获得新型职业农民资格证的人数不断在增加，新型职业农民队伍已经初具规模，并逐渐开始为现代化农业建设助力。而这支队伍的组成来源并不单一，涵盖了"老农""新农""知农"。"老农"具有丰富的农业生产经验，通过参与培育活动改变了传统的观念，使自身的农业生产技能得以提升，并改变了经营理念，为农产品产量的增加贡献了自己的力量；"新农"由新时代背景下的新生农业产业催生，他们最大的特点就是敢于创新、敢于创业，为农业产业链的延伸、新生产业的发展贡献力量；"知农"是新型职业农民队伍中的高学历人群，他们接受过高等教育，有知识，有情怀。这些人共同组成了我国当前的新型职业农民队伍，为我国现代化农业建设和乡村振兴做出贡献，让我国农业未来可期。

第三节 制约新型职业农民培育因素维度分析

一、自身维度

对农民进行职业培育，其目的是让农民从"身份"转变为"职业"，进而全面提高农民的综合素质，为现代化农业的发展助力。而我国的农民在参与职业培育活动前，大多属于传统农民，他们自身存在的一些因素，如科技文化水平、观念意识和内生动力等，在很大程度上影响着培育成效。

（一）科技文化水平有待提升

科技的发展带动了农业的进步，传统的"靠天吃饭""面朝黄土背朝天"的农业生产方式已经不再适应新时代的特征，具有更强智慧性和科技性的现代农业生产方式更符合现代农业的发展需求，其正在逐渐取代传统的农业生产方式。而新型职业农民既是现代农业发展的主要力量，也是实现乡村振兴的主要力量。但是，从现有调查情况来看，我国农民无论是文化水平还是科技应用能力，都还有很大的提升空间。

其一，文化水平较低。一个人接受教育时间的多少，通常决定着其文化水平的高低，并且文化水平的提升需要很长时间的积累，很难借助较短时间的阶段性培育来获得显著的提升。通过对我国农村现存人口的学历调查结果发现，小学及以下学历占 7.1%，初中学历占 44.9%，高中学历占 37.8%，大专及以上学历仅占 5.2%。初中及以下学历构成了现存农民的学历主体，大专及以上学历的高素质人才极度匮乏①。由此可见，从目前的情况来说，我国现在农民群体的文化水平，与具备一定文化水平、具备较高综合素质的新型职业农民要求相差甚远。

其二，科技应用能力较弱。现代化农业生产需要借助机械，并且需要农民掌握一定的现代农业技术，它们都包含在科技应用能力之中。而从现有数据来看，目前，我国的农民科技应用能力还比较弱。直到 2014 年我国的农业机械化水平才超过 60%，而发达国家在 20 世纪 90 年代就使农业机械化水平达到了 95%。我国公民从职业分类来看，2015 年，从事农林牧副渔的生产人员具备科学素养的仅有 8.63%②，在所有被调查的行业中占比最低。人才振兴是实现乡村振兴的基础，只有不断提高农民的文化水平和科技应用能力，才能提高农民的综合素质；只有具备了较高的综合素质，才能称之为新型职业农民。而想要提高农民的综合素质，为乡村振兴提供高素质人才，就需要借助职业培育这一途径。

（二）观念意识有待加强

意识具有指导行为的作用，无论是农业的现代化发展还是乡村振兴，都离不开科学理念的引导。农民的思想和认识的不足，已经渐渐地变成了影响新型职业农民培育效果的重要因素，具体有如下三个方面的表现。

其一，农民的小农意识已根深蒂固。由于小农经济存在时间较长，小农意识成为农民群体中的主导思想并根深蒂固，这对农民的价值观与行为选择有很大的影响，对我国的农村经济发展与新型职业农民培育具有较大的制约性。周而复始的小农生产模式，使农民形成了一种"使民不争"的思想，它注重的

---

① 吴易雄，周芳玲. 新型职业农民农业经营状况及农业从业意愿分析：基于全国百村千民的实证分析 [J]. 经济问题，2017，453（5）：89-93.

② 沈琼. 中国新型职业农民培育研究 [M]. 北京：中国农业出版社，2017.

是适度，而不是竞争。因此，农民很容易产生一种因为一点儿进步就安于现状不思进取的心态。这种意识使农民失去了创新、进取的精神。此外，由于所处环境的封闭性和保守性，使得传统的农民慢慢地养成了一种自我满足、盲目排外的思想，使大多数的农民短视且狭隘，他们相信从祖辈口中流传下来的农业知识是最好的种田方法，忽略了现代化技术的作用，不愿意与他人进行沟通和合作，不愿意接受新的东西和新的观念，也不愿意接受培育来提升自己的水平。

其二，强烈地逃离农村的情绪。农民教育一直是国家和政府关注的问题，也制定了一系列的政策用于提升农民的教育水平，接受教育成为能够摆脱农民身份的一条重要途径，因此，大多数的农村家庭都把孩子的教育当作家庭的重中之重，农民的总体文化素养得到了一次史无前例的提高。在改革开放之后，与常年需要辛苦劳作，却很难吃饱穿暖，无论是基础设施建设还是物质富足程度都较低的农村相比，城镇中完善的基础设施、较好的生活环境及社会保障制度，逐渐成为农民关注的焦点。随着"榜样"在城镇中落地生根，老一代的农场主不再希望子女继续从事与农事有关的职业，农民中出现了强烈的"离农"情绪。新一代高学历的农民有一种走出"农门"的趋向，这使得与农业有关的高校毕业生对留在农村工作、定居的热情越来越低。如果不能转变这样的思想，即便是持续增加农村教育投资，也很难从根源上扭转农业劳动者的弱质化现状。

其三，法治观念薄弱。长久以来，大多数农民都处在闭塞和落后的状态中，导致农村居民法治观念薄弱，且农村居民对法律知识的获得也多依靠基层政府进行"灌输"这种单一的方式来获取。中国社会科学院曾经做过一项关于中国人民法治意识的调查，调查结果表明，在所有的法治意识中，农民法治意识的程度只有5%，而对于农户来说，大多数农户对于与农业生产相关的法律法规的认识程度甚至不如对其他法律法规的认识程度。农民的法治观念不强，也与农村地区长久的宗族为主的观念有关，基于地缘和血缘关系所产生的宗法思想，在农民的思想中依然占有着非常重要的位置，许多人更是觉得，人情比法律更重要。农民的法治观念薄弱，不利于培育和发展新型职业农民的有序、规范化的环境，对农产品的市场竞争也不利。

（三）内生动力有待激活

新型职业农民培育的主要对象是广大农民，他们是接受培育的对象，而培育工作是否取得了一定的效果，也需要依靠他们的提升程度来进行检验。要提高新型职业农民培育的成效，激活农民的内生动力，让他们能够自愿、自觉地参与培育活动是关键。然而，从目前的培育实践中我们可以发现，还存在着忽视农民主体地位，轻视农民内生发展的现象。这主要表现为以下三个方面。

1. 农民对内生动力认识不足

获得内生动力的前提是了解内生动力。我国地域辽阔，与城镇集中分布且交通便利的形势不同，农村通常较为分散且交通也较为不便，受种种条件的限制，与城镇居民相比，农民获取各种信息的能力较差，信息的传递途径也较少，这就导致农民所获得的政策信息具有滞后性，使得大多数农民对于乡村振兴及新型职业农民培育等政策认识不足。农民对这些政策的了解途径主要依靠电视新闻或者是道听途说的碎片性知识。因此，农户接受新型职业农民信息与国家颁布的政策之间会出现信息不对称的情况。而这种信息获取的滞后性，是农村居民内生动力缺乏认知现状的主要原因。

有关调查结果表明，不管是各级政府相关部门，还是农民本身，对农民内生动力的认识都存在不足的现象。通过现有的培育实践活动，我们不可否定的是，正是因为政府对新型职业农民培育给予了足够的关注，并对其进行了整体的规划，才取得了现在的成效。但是我们也能够看出，在整个培育过程中，这种以政府引导为主的方式，也很可能会限制农民主体作用的发挥，而使其对政府引导形成依赖，造成发展动力逐渐变弱等问题的出现。结合当前新型职业农民培育的实践性活动来看，政府对农民内生动力认识不足，主要表现为忽略农民的主体性地位，政府对于新型职业农民的培育还是以大包大揽的方式进行，从培育对象的挑选，到师资的挑选，再到培育内容的确定及培育效果的评估与管理，都由政府负责。在相关政策制定过程中，作为培育对象的农民，始终处于消极的地位，不是真正听取农户意见、遵循农户意志，而是以"指令性"和"计划性"的方式为主，这就导致农民对新型职业农民培育缺乏足够的了解，农民参与培育活动的主动性和积极性不高，严重制约了培育的成效。要想提升农民的综合素质，增加新型职业农民的数量，必须要调动起他们的积极性，使其具有发展的意愿和意识。当前，部分地方政府和培育管理部门在指定培育相关政策时，忽视了农民的主体性地位，无论是政策的制定还是传达都是单方面的，很少会与当地农民的现实需求结合，而农民在参与培育活动中产生的意见和建议也较难向上传达。在新型职业农民培育方面，他们的主体价值和自我能动性没有得到最大限度的发挥，这极大地限制了新型职业农民培育的效果。

此外，农民群体也缺乏对新型职业农民培育的深刻理解。生活在比较封闭环境中的他们，尽管可以利用互联网获得与农业有关的信息，但他们的信息获取还是不够全面、迅速。在有关农业的资讯与决策方面，农民更多的还是借助传统的信息传递方式，如广播电视、村委宣传等。这些信息传播方式的时效性不足，导致农民群体在对新型职业农民、新型职业农民培育，以及乡村振兴等相关政策的理解方面也都比较浅薄。在接触到新型职业农民培育的时候，大部分的农民都会将其与传统的农技推广培育混淆，他们觉得这样做既没有立竿见影的效果，又很耗时，很快就失去了参与培育的积极性和兴趣。

2. 农民的内生发展意愿较低

对内生发展的认识不够，导致农民在培育过程中参与内生发展意愿不高[①]。相关调查结果表明，大多数的农民并非主动、自愿地参与培育活动中，只是因为有了政府的组织才去参与培育活动；虽然有一部分农民是自愿参与培育活动的，但其原因是能够得到一些（政策性）补贴。部分接受采访的农民称，他们还会在培育期间偷偷离开，直到培育接近尾声时再返回签到；有的时候，他们甚至会在半路上离开。此外，参与培育活动的农民的学习态度也存在很大的问题，有一些比较年轻的培育对象，上课的时候并没有认真听课而是在玩手机，而那些年龄比较大的培育对象则是三五成群地聊天。他们即使在接受培育，也并非发自内心，更多的是为了应对政策，在课堂上也不愿意去学习新的东西，没有积极参与的意识，也没有自力更生和自我发展的愿望。

3. 农民的内生发展能力不足

衡量新型职业农民培育的成效的指标之一就是看农民内生发展能力的强弱。人的行动受到"知""意""行"等因素的制约，农民对自身内生发展的认知程度较低，其内生发展的积极性也较低，造成农民内生发展的动力较弱，参与新型职业农民培育的内生发展能力不足，所以导致培育活动成效较为低下。内生发展能力的产生是一个不断发展的过程，新型职业农民培育想要获得最佳的成效，首先应该激发出农民的内生发展意识，重视对其内生发展能力的培育。当前，新型职业农民内生发展能力不足[②]最突出的表现就是农民在自我

---

① 龚丽兰，陈衍宇，李洁. 乡村振兴：亟需激发农民参与活力：基于湖北省 71 个村庄 1023 户农户的调查［EB/OL］.（2019-05-24）［2023-03-20］.http://ccrs.ccnu.edu.cn/List/Details.aspx? tid=9237.

② 张河云，郭远. 要有"能力不足"的危机感［N］. 赣南日报，2021-12-24（1）.

发展过程中有了改变的想法，但是缺乏获取信息、持续学习的途径和方法。通过相关调研及与农民的日常交流，我们可以看出，许多农民都曾有过改变现状、尝试创业的念头，但是最终都以失败而结束，这其中，也包括了市场的起伏及负面的因素。缺少了政策的支撑，但是更大程度上是因为农民本身的文化素养制约了他们的发展，这就需要他们不断地进行学习，才能具备适应市场变化的能力。实际上，大部分的农民都缺乏内生发展能力，迫切需要借助政府及外界的帮助，而当缺乏或丧失了这些帮助时，他们会迅速地进入一种恐慌状态，没有胆量，也没有力量继续走下去。

二、工作维度

任何事物都是处于一种发展变化状态之中的，对于新型职业农民培育工作来说，同样如此，我们要把新型职业农民的培育体系置于一种持续发展的动态环境中，勇于打破固有框架，敢于创新，才能获得长足的发展。从新型职业农民培育工作的维度来看，其中仍然存在许多限制因素，需要进一步改进。

（一）培育时代性有待加强

现代农业与传统农业相比，最大的特点在于"现代"一词，这表示现代农业是具有时代性特征的，其想要获得持续发展，必须跟随时代的步伐，不断接受新的理念和技术。从这一角度来看，目前新型职业农民培育还存在着以下问题。

1. 培育理念因循守旧

许多地区在新型职业农民培育方面还存在墨守成规的现象，不能够从长远发展的角度来看待新型职业农民培育，或是为了响应政策号召做个样子，或是虽然抱着认真的态度开展培育活动，但缺乏农业工业化的集约化、经营管理的现代化、绿色兴农、培育现代农业发展、品牌强农、网络农业、智慧农业等理念。如果没有现代农业发展理念的支持，将会严重地限制新型职业农民的竞争力和提升自身的能力，甚至会对乡村振兴的实现产生不利的影响。具体来说，包括以下三个方面。

其一，企业运营和管理方面的专业知识不足。企业运营知识指的是企业运营的一套工作程序，它涉及企业运营的规划、组织、控制、协调、激励员工等，以使员工能够完成工作目标。具体运用到农业产业中，是指对农村商品的加工、流通、利益分配等一系列活动进行管理，并在此过程中构建各种功能和内容。农业经济是现代农业发展的重要基石，农业的经营与管理水平又是影响农业经济发展的关键因素。在国家对乡村经济建设日益关注的今天，加强对农业产业的管理和建设，已成为目前农村经济发展的一项主要任务。然而，在实际操作中，有些干部对乡村振兴的理解不够，导致工作理念存在偏差，对农村的经济管理产生了一定的影响。从本质上讲，由于农业生产经营的范围更广泛，各部门之间的联系也更加紧密，也对农民的经济管理水平提出了更高的要求。然而，从当前的经济发展情况来看，农村地区大量的人力资源外流，大部分向城镇转移。这是因为在城镇中具有更多的发展可能性，城镇建设为外来务工人员提供了更多的就业机会，使农村的青壮年劳动力大量流失，这不仅对我国的农业生产产生了负面影响，而且造成了耕地的浪费。如果农业新技术得不到及时、高效的普及，不仅无法保障农民的就业，而且会引起食品供给问题，这已成为新农村建设的一个显著障碍。现代农业是以现代化的科学技术为导向，按照现代化的工业生产要素，对其进行科学、理性的管理的一种社会化农业。因此，新型职业农民应该以大市场为方向，具备充足的经营和管理知识。

其二，缺乏标准意识培育。农民的标准意识主要包括农产品质量标准体系、质量安全检验体系、信息服务体系等。而对于推进农村现代化的进程和乡村振兴战略的实施来说，培育农民的标准意识具有重要的理论和实践意义。农产品质量标准体系包括农产品的分类、品质要求、包装、运输、储存等方面的技术标准，是对农产品进行质量检测与管理的重要依据。农产品质量安全检验体系是农产品生产组织、农产品市场监管的关键技术支撑和保障，对农产品质量的评价、对消费的引导，以及对农产品的国际贸易都能够起到积极的推动作用。目前，我国农产品的品质标准还不够健全，无论是旧品种还是新品种，都尚存在一些缺失。在新时代背景下，农产品质量安全检验对于促进农业现代化、保障主要农产品的供给与消费安全具有十分重大的意义。国家对此给予了很大的关注，但也存在着一定的不足之处，这对农业生产和农业现代化都产生了很大的影响。农村信息服务是以农民为对象，以信息的采集、分析、存储和发布为手段，来满足农业和农村的信息需求，从而促进农业增效、农民增收。建立健全的农村信息化系统是促进农业现代化，构建和谐新农村的关键。当前，虽然我们的乡村信息化建设已有了一些初步的成果，但因为基础设施不够完善，不能及时、准确、有效地为农民提供信息服务，软硬件水平与城镇之间存在着很大的差距。工作人员的整体素质都不高，大多数农民在体能和务农经验上都比较擅长，但是在现代化农业技术方面的素质却较低，这无法为农村基层科技情报工作提供良好的基础。目前，我国整体的农业信息化都存在着信息资源匮乏、农业信息化水平落后等问题，具体表现为：多数能够获得的信息都属于表层信息，而实用性信息的获取则较少；能够获得的信息多存在滞后性，动态信息的获取较少；有些信息服务站点甚至只是对信息进行了简单的拼凑，没有一个清晰的话题和明确的使用者群体，提供的服务不够及时，甚至有些服务站点还会提供一些虚假的消息。

其三，缺乏品牌意识。品牌意识是指一个品牌所具有的知名度，代表其在消费者心目中的形象，这需要花费较长的时间和投入较大的精力去营造，往往具有越高知名度的品牌，越能够让消费者产生较高的信任感。相比于其他商品，农产品的品牌知名度更加重要。农产品品牌化发展，可以促进农民增收，推动乡村振兴。要激活农户的思维，整合各种资源，建立一个销售的平台，使农产品不仅要有好的包装，还要建立起一个让人放心的销售平台。此外，还应大力扶持农业生产的规模化和集约化经营，为扩大和壮大农业品牌打下坚实的基础。大部分农民没有很强的品牌观念，且市场观念比较陈旧，仍然采用传统的中间商销售的方式，品牌影响力不强，增值价值没有被开发出来，无法实现利润的最大化。农产品生产经营者缺少品牌观念，他们把收割和养殖看作农业生产经营的最终环节，觉得农产品跟工业产品有很大的不同，没有必要去创建一个品牌。有些拥有品牌意识的生产管理者虽然意识到品牌能够给企业带来可观的生产和运营收益，但是在品牌建设过程中，他们面对着巨大的人力、资金成本，不愿意进行随意的投入，经常会采取贴牌的方式来增加自己产品的销量。虽然从短期来看，这种方式可以促进商品的销售和农民的增收，但也存在一定的弊端。因为要贴牌，就必须符合该品牌的标准，这就使得农产品丧失了其本身所具有的特征，既影响了农产品企业的创新，也会导致农产品企业在市场上的竞争力下降，从而对企业的长期发展产生不利的影响。

2. 培育内容脱离需求

中央一号文件和农业农村部都曾反复强调，要将新型职业农民培育的内容与当地产业和农民的需要密切地联系起来。然而，有的地方为了省事，不做调研，不了解产业特色，不了解农民需要，直接复制其他地区的培育方式和内容，使培育成效不显著，农民的积极性大幅降低。在培育内容方面，更新的速度也非常缓慢，不够及时有效。

其一，培育课程的内容更新相对较慢。如今是信息的时代，知识更新非常迅速。尤其是对新型职业农民进行培育的课程内容，大部分都是与现代农业基本理论及种植养殖技术有关的知识。此外，各个区域的农业产业结构存在着差异，因此在进行培育的时候，不与当地的实际情况进行密切联系，课程内容跟不上时代的步伐，使培育效果受到极大的影响。通过调查结果发现，在开展新型职业农民培育过程中，课程的内容没有发生很大改变，各部门和培育学校只注重培育的便利性，不去田间考察，不去研究本地的地理条件和气候特征以及培育对象的实际情况等。授课的教师一般为针对培育课程而短期聘请的，通常不会做太多准备，都抱着应付的心态进行教学，通常都用同样的内容在许多不同的地点开展教学。

其二，培育目标偏离新型职业农民要求。新型职业农民培育目标是建立一支"四有"的扎根乡村的新型乡村劳动力[①]，进而为振兴乡村提供坚实的人力资本保障和技术支持。但在实际的调研中，我们发现超过 66.7% 的新型职业农民教育机构偏离培育目标，接受培育的农民整体水平参差不齐，而培育课程的内容却并没有结合培育对象的水平做出明确的划分，课程内容无法全面满足不同水平培育对象的需求。另外，各农村区域所产出的农产品是有差异的，产业结构也不尽相同，而培育课程的内容并没有结合这些特点进行区分，其中最突出的问题之一就是培养内容与农民的需求不符，由于缺少了针对性，经常会出现培育结果不理想的问题，既浪费了国家很多的资金，也打消了农民参与培育的积极性。

其三，培育的内容与乡村振兴的需要脱节。新型职业农民培育实践活动的开展受到了国家的高度重视。通过调研发现，各级政府将开展新型职业农民培育活动的大部分权利交给了主管部门，主管部门可以结合实际需求来确定培育内容，对农民进行有针对性的培育。而在实际开展培育活动时，政府相关部门往往会选择高校或相关企业作为培育机构来承担培育主体的角色，为国家分担培育新型职业农民的重任。但是，高校和企业都有各自不同的经营理念，这使得新型职业农民培育的标准出现了不同，对新型职业农民的培育内容产生了直接影响。再加上我国的农民数量众多，而实际上每个地区能够承担新型职业农

① 伍燕青. 乡村振兴战略下新型职业农民创业教育现实基础与优化路径：评《中国农民创业的理论与实证研究》[J]. 中国教育学刊，2021（8）：138.

民培育的高校和企业数量却不多，并且缺乏足够的资金来进行运营，所以，不能为新职业农民的培育提供完整且与之相适应的内容。因此，新型职业农民的培育，需要将培育的目标和生产的需求结合起来，这样才能让培育的内容与乡村振兴的要求相适应。

其四，培育的科技教育模式过于传统单一。目前来看，我国的农民文化水平普遍偏低，而针对新型职业农民培育所开展的科技教育，模式较为单一，对农民来说，不具备足够的吸引力，严重影响了农民科技素质的提升效果。农业政策是指导一线农业从业人员开展工作的大方向、大目标，也是符合新形势下农业发展要求的重要指示①。但是，目前我国对农业技术教育尚处于表层的认识和实施阶段，没有把科技、教育和农业政策有机地联系在一起，更好地为农民服务。对农业科技的教育和培育还不完善，大多数年龄较大的农民还不会运用电子信息技术，这使得他们与许多科学技术知识之间存在着一定的差距，导致农业政策与科学技术教育的融合度不够。在我国，随着城镇化速度的不断加快，农民中的老年人占了很大比重，他们对网络信息收集等方面的认识不足，未能及时且深入地了解最新的农业政策。有些人把农业生产当作自己的事，忽略了现代科技的作用和影响。目前，我国农业从业人员缺乏对农业科技知识的掌握，且不重视学习。如果他们能够充分地掌握科技知识并将其运用到农业生产第一线，既能把最新的应用和技术需求回馈给技术工作者，又能激发他们的科研积极性。但是，受信息交流的限制，农民对技术的使用范围有限，导致农民缺乏科学研究的积极性，进而制约了农业生产的发展，也使大部分农民对更高层次的农业技术的期待有所减少。

3. 生态教育途径单一

首先，在培育新的职业农民的生态素养时，应以提升农民的生态环境意识为主要目标，通过向农民进行积极的生态理念的宣传，提高其生态环保意识，只有让农民充分认识到保护生态环境的好处，才能够提高他们的主动性和积极性，进而让农村的环境变得美丽且宜居。当前，在我国大部分的农村地区，人们缺乏对生态环境重要性的认知，他们无法认识到保护生态对当代公民和下一代公民的重要意义。这点在农村居民的日常生活及农事活动中有所体现。生态意识教育是生态道德教育的一种，它是促进新型职业农民生态素养提高的重要

---

① 姜英华. 探析农业科技教育培育存在的问题及对策［J］. 农业开发与装备，2021（9）：102-103.

途径，而对农民进行生态教育的内容和方式会对农民的生态道德意识产生重要影响。当前，在我国农村地区，对农民进行生态教育大多采取单纯的知识教学方式，进行生态道德教育的方式也较为单一，多通过口头传教、发放小册子等方式对广大农民进行相关的生态环保知识的普及。但是，这些方式都没有考虑农民的特性。大部分农民的文化程度不高，仅凭理论很难把所学的知识变成自己的东西。在具体运用上，忽视了农民自身的特征，仅仅将农民当成学生来对待，缺乏针对性，反而会降低农民的学习热情。由此可见，目前我国"生态德育"的知识传授方式还存在着一些缺陷，单纯依靠知识进行生态教育并不能取得应有的效果。缺乏实际操作经验的知识传授法，不仅被运用在农民身上，同样被运用到农村学生身上，已经成为我国农村居民生态道德教育的主要途径。对于农村学生来说，虽然接受知识的方式主要来自在校学习，但是对于生态道德教育来说，空泛的书面知识并不能够让学生完全认识到生态环境保护的重要性，学生几乎没有直接参加到环境保护的活动中，所以他们对环境问题的认识也不够深入。在这种方式下，生态道德教育的内容难以与农村的实际生活建立起联系，农村学生容易感觉到枯燥乏味，进而丧失学习的兴趣和积极性，难以实现生态道德的内化[①]。

其次，建设生态宜居的美丽乡村是实施乡村振兴战略的必然要求，是建设美丽中国的重要依据和先决条件。然而，从现在的发展形势来看，我国部分农村的生态环境还远远达不到乡村振兴和乡村经济发展的要求。因此，必须从提升农民的整体素质入手，强化更多农民的农村生态环境保护意识。建设生态宜居的农村环境，农民是最直接的受益者，同时他们是美丽乡村建设的主体，因此，要想对乡村的生态环境进行有效保护，就需要让农民对自身的作用有一个清晰的认识，具备更多的环保意识，更好地掌握环保知识，能够主动地参与到乡村生态环境的保护中。在农村许多生态决策中，农民没有提出自己的观点和建议，如果农民的想法不能得到及时的体现，就不能完全满足他们的生态需要。另外，农民自身对参与政策制定的积极性不足，因此，只能根据整体形势去执行，但政策内容却并不能充分地表现出他们的意愿。这就造成了一些农民对于政策的早期制定和后期执行都会有一些意见，他们并不愿意参与其中，即使他们有异议，诉求也得不到恰当的解决。农民没有把自己作为生态环境建设的主体，没有意识到环境损害是由自己造成的，在进行农业生产时，很可能会造成资源的消耗和环境的污染，如农药和杀虫剂的利用效率低下，就会给农村的生态环境带来极大的破坏。想要改善这种情况，就需要农民主动地学习并应用现代生态文明的生产方法，提高农产品的科技投入，转变为乡村生态文明建设中的"制造者"。

（二）培育模式有待创新

1. 培育过程过于形式化

培育形式化突出，走向了异化。[①] 多数地区的新型职业农民培育工作都是由各级政府部门全权负责，培育通知多以文件形式为主，制定培育指标后，将文件发放到各村政府，村政府通常会将其作为一项常规性工作来看待，并没有意识到培育的重要性，具体表现为以下三个方面。

其一，在培育对象的挑选方面缺乏原则。遇到培育补贴较高的情况时，首先，相关人员往往会根据关系亲疏进行挑选；其次，若参与的人数不达标，则会将精准扶贫户加入到培育队伍中。整个选拔过程在很大程度上是从选拔人员的喜好出发的，缺少政策执行的监管机制。

其二，培育过程形式化。负责培育的人员多会像应付其他培训活动一般，拍摄几张照片或几段授课视频向上级交差，而对培育课程内容缺少审核，对于培育的整个过程缺少严格的监督和评价。

其三，对于培育活动的开展，缺少考核和评价。通过调研我们获知，许多地区在培育活动结束后，并不会对培育对象进行考核，也不会针对培育活动的实施和效果进行评价。通常在活动结束后，就会将证书发放到培育对象手中，导致整个培育活动流于形式。即使有些地区会在培育结束后设置考核环节，但考核的形式也都会以选择题为主，且有些考核是开卷的，缺少设置实践考核环节。

2. 培育模式过于单一

乡村振兴是一项复杂的系统工程，它对新型职业农民的素质提出了更高的要求，只有接受系统的知识培育，才能培育出与乡村振兴时代需求相适应的高素质新型职业农民。目前的培育课程还处于碎片化的状态，涵盖的工作种类也非常繁多，且每个工种的培育课程内容也非常多。但是，因为培育的资金有

---

① 韩秋茹. 教育内生发展视域下新型职业农民培育路径研究［D］. 贵阳：贵州师范大学，2020.

限，农民能够接受培育的时间也有限，所以大部分培育活动的开展都以"短、平、快"为原则，一般都在1~7天。此时间段内，又会将培育课程分成理论课和实践课，使得教学内容十分局限，且受农民自身的文化素养及培育师资的教学水平的制约，在培育过程中，培育的内容被分割开来，培育内容更加简单也比较零散，所以，培育对象最后能学到的东西也很少。知识具有系统性和连贯性的特点，对知识的掌握缺乏联系性和整体性，增加了培育对象掌握知识的难度。

3. 培育教学过于传统

在开展新型职业农民培育互动过程中，培育教师所采取的教育方法多倾向于以传统的单向讲授为主。这种讲授式的教学方式，因能在较短的时间里有效地教授更多的东西而成为最常用的教育和教学方式。而参与新型职业农民培育的培育对象与学校中的学生不同，他们通常年龄较大，文化水平普遍偏低，理解能力较差，自控能力也有限，且往往已经离开课堂很长时间，甚至有些人没有接受过学历教育。因此，采用讲授的授课方式，对于培育对象来说过于死板，并不利于调动他们学习的积极性。而对于那些想要提高自己但是学习能力较差的农民来说，这种方式会严重打击他们的学习积极性。

（三）培育条件有待改善

与城镇相比，农村地区的教育条件是比较落后的，而大范围地开展新型职业农民培育活动，就需要考虑农民参与的便利性，所以就近培育是很好的选择。而农村地区落后的教育条件极大地限制了培育课程的开展，对培育的效果产生了严重的负面影响。培育条件主要包括教育基础设施、教育软件条件和教育师资条件等方面。

1. 教育基础设施落后

其一，缺少开展培育活动的专业场地。在开展调研活动时，我们走访过的农村地区，没有一个地区设置专门用于新型职业农民培育的场所，培育活动的开展多以利用小学的教室、村委会办公室或是县城的职业院校为主。同时，县城的职业院校的所在地往往离农村很远，农民往来不便利。借用小学教室进行培育需要避开正常的授课时间，而村委会的办公室的用途比较复杂，与村里的其他工作的开展容易产生冲突。村委会的办公室通常占地面积也比较小，用于授课的设施往往需要临时拼凑，基本不具备优良的教学条件。

其二，教育和教学设备的匮乏。要想要获得良好的培育效果，就必须采用多元化、科学化的教育方法。然而，在调研中我们看到，在新型职业农民培育过程中，授课教师通常采用传统的讲授方式，缺少更加先进的网络和多媒体设备，一些村庄的培育场所甚至没有黑板。薄弱的硬件条件严重制约着当地新型职业农民培育计划的有效开展。

2. 教育软件条件不足

教育软件条件指的是教学内容、学习氛围、教育管理等方面的条件。相对于硬件条件来说，教育软件条件更为重要，教育硬件条件的不足对于培育效果的影响是有限的，教育软件条件不足会严重影响培育活动开展的效果。教育软件条件不足主要体现为以下三个方面。

其一，缺少现代科技信息技术的支撑和应用。想要获得更好的培育效果，就必须以现代科学信息技术作为支撑，不断地更新和拓展培育方式。但是通过调研我们发现，目前很多地区在开展新型职业农民培育活动时，并未或很少运用现代科学信息技术。这不仅会限制培育活动的开展，而且不利于农民的后续学习。

其二，缺少一种积极的学习气氛。建立一种良好的学习氛围，对推进新型职业农民培育具有积极的作用。然而，很多用于开展培育活动的场所都比较嘈杂，无法提供一种舒适、安静的学习环境。而且，在授课过程中，也缺乏纪律性，甚至有些受培育者还会聚集聊天，这种恶劣的教学环境会严重打击有自我提高意愿的农民的学习积极性，甚至会对培育教师的工作产生负面影响。

其三，缺乏科学的管理。在培育活动开展过程中，缺乏对培育师资队伍及工作人员的有效监管，导致一些培育人员不能用认真负责的态度来开展培育工作。此外，农民的自控能力比较弱，在培育活动开展过程中，许多受培育者不能对自己的学习进行良好的调控和管理。

3. 教育师资条件薄弱

新型职业农民培育活动的开展，与在校学生的学习不同，其需要理论与实践能力的双重提升，甚至说实践能力要强于理论学习能力。基于此，教师的教学水平显得尤为重要。通过调研发现，现在负责培育活动的教师，多来自培训机构、农民合作社、政府机构和职业院校，不同来源的人群具有不同的特点，但是整体来看，师资条件是较为薄弱的。

其一，在调研中我们发现，参与培育活动的师资队伍素质良莠不齐，并且师资队伍的人数也与培育需求不符。因为新型职业农民的水平参差不齐，开班进行培育的时机也不尽相同，所以在分配培育教师的时候，很可能会产生一些问题，如活动组织者为了顺利开展活动而随便找人凑数等。

其二，培育教师还存在理论和实践分化的现象。来自培训机构与高职院校的培育教师具有较强的专业基础，在专业理论教授的能力上表现突出，但缺乏实际操作能力，很难把教学中的理论和实践有机地融合在一起。而农村致富带头人、农民合作社的负责人等，虽然在实际工作中有一些经验，但并不能完全了解其工作的真实原理。目前，新型职业农民的培育师资队伍中，主要以精通理论的教师为主，而缺少既精通理论又善于实践的"双师"型教师，课程的内容同样偏重于理论讲解，对于更注重实操效果的受培育者来说，吸引力较弱。

（四）培育规范性有待提升

培育新型职业农民需要多部门通力合作，是一项具有广泛覆盖面的系统性工程。随着我国新型职业农民培育范围不断扩大，规范上的欠缺也随之暴露出来，对培育工作的成效产生了严重的影响，主要表现为以下三个方面。

其一，资金监管机制缺失。目前，我国对用于培育新型职业农民的资金运用与配置还没有建立起严密的监管体系，从国家层面上划拨下来的部分资金经常由于种种理由而被挤占、被移作他用，从而无法得到最大限度的利用。

其二，师资监管机制缺失。在培育活动中，教师是主要负责培育的人员，他们的整体素养与教育水平将会对培育活动的成效产生很大的影响。新型职业农民培育的专门师资严重短缺，且准入门槛不高，现有的大部分教师并没有经过正规的考试与竞聘就进入教学岗位，造成了培育教师素质良莠不齐。另外，在培育教师管理方面，还没有建立完善的考评和奖励机制，这就导致一些责任感不强的教师对工作采取敷衍的态度，因此无法确保教学质量。

其三，统一认定标准缺失。目前来说，对于新型职业农民并没有一个统一的认定标准，如前面提到过的，许多地区甚至在参与过培育活动后，无需进行考核，就发放资格证，致使许多地区新型职业农民准入门槛较低，并没有达成新型职业农民所具备的高素质，因此，也不存在强有力的竞争能力。

（五）培育政策针对性有待加强

健全的扶持政策，是吸引农民积极参与，促进职业农民成长，确保培育效果的关键。而为了全面提升新型职业农民的培育效果，各级政府制定了相应的政策，助力培育工作的开展。然而，从实施效果来看，还存在着一定的不足之处，主要表现为培育政策的针对性有所欠缺。

其一，相关政策的制定宏观性过强。目前，政策支持还处于一个宏观的框架性的系统层次上，很少有专门的针对新型职业农民培育的具体政策。

其二，扶持的内涵需要革新。随着更多有志向的年轻人回到家乡，农村地区也变成了一个新的行业和业态生长的肥沃之地，而这些新兴的事物能否得到发展和壮大，与国家政策的支持和促进作用是分不开的。但是，无论是国家还是各级政府，针对这部分返乡或进驻农村进行创业的人群，都缺乏具有针对性的扶持政策，使得很多观望的人望而却步，因此，今后的政策制定还需要进一步改进。

其三，缺乏相应的法律和制度保证。法律法规能够为政策的执行提供有力的保障，要使新型职业农民培育体系能够长久、有效地运作，必须制定具体的法律法规。目前，我国对新型职业农民的培育还在摸索之中，在全国范围内尚未制定有针对性的法律法规，对培育的扶持也相对薄弱。例如，虽然《中华人民共和国农业法》《中华人民共和国职业教育法》等与培育相关的法律相继颁布，但这些法律都是指导性的，还需要出台更具操作性的细则，确保政策执行的标准化。目前，除了甘肃和天津以外，其他地方还没有统一的与新型职业农民培育相关的具体法律规定。当前，在已公布的关于新型职业农民培育的文件中，大部分都将重点放在对训前、训中、训后培育的方式和流程上，但是对培育内容的指导却比较含糊，对有关培育部门的责任划分也没有明确，对培育资金、奖惩措施等方面的规定也很缺乏，这就造成了在管理主体等有关的政策配套上的缺失，缺少法律支持、保护和指导，新型职业农民在培育中的权益没有被完全保护起来，这对培育工作的开展造成很大的影响。

（六）培育质量保障有待完善

当前，我国许多地方在培育新型职业农民方面仍以政府机构为主。对培育质量的评价标准不够健全，过分偏重培育的数量，而各级政府作为主要负责部门，通常比较注重绩效等现象仍然十分普遍。一些参与培育的负责主体还出现了一些问题，如责任不明确、组织不健全等。虽然各地政府都出台了一些鼓励政策，甚至是一些硬性的要求，但是，因为职业农民培育工作投入巨大，见效缓慢，社会和市场资源主体对培育新型职业农民的热情依然不高，没有形成多措并举、齐抓共管的培育合力，加大了政府统筹协调和整合资金资源的难度。

同时，因为缺少全面的培育质量监督保证体系，各个培育单位往往各自为政，培育工作流程和经营方式出现了"灰箱"问题，致使培育工作出现了资源错位、后续支持滞后、不能适应农户成长的现实需求等现象。

三、环境维度

（一）农村制度改革有待深化

其一，户籍制度亟待改革。城乡二元户籍制度，使得农村居民和城镇居民在共享社会财富和资源时出现了差异，特别是在改革开放以后，这种差异性变得更为显著，而且在持续地扩大。

其二，土地流转机制不健全。土地是农业生产的根本，作为重要的生产资源，土地始终是农民最为关心的问题，而新型职业农民在生产的同时要负责经营，土地对他们来说更为重要。当前，我国农民进城务工人数不断增加，农户退出耕地的现象日益普遍，为发展适度的现代化农业带来了新的契机。如果在城市落户不成功，农村土地承包经营权就成了他们的最终保证。所以，对于农民来说，承包地更多的是一种保护作用，而不是一种生产作用。为进一步推进土地制度改革，促进土地流转，党中央、国务院出台了"三权分置"政策，党的十九大报告中进一步确定，将农地承包期再延长 30 年，让广大农户放心。在 2019 年中央一号文件中也明确提出"坚持保障农民土地权益、不得以退出承包地和宅基地作为农民进城落户条件"。然而，目前土地流转机制存在缺失，在实际操作过程中，仍然会出现一些阻碍农民租用土地的问题，如租金太贵、中途毁约等。缺少足够的土地，新型职业农民就无法使生产和经营形成规模、产业。

（二）农业比较效益有待提高

其一，与其他产业相比，农业仍处于弱势地位。我们国家经过 40 多年的努力，已经跻身于全球第二大经济体。在此发展进程中，与二三产业的高速发展相比，作为基本产业的农业，已经开始"掉队"，在三大产业中，处于比较弱的地位，已经渐渐变成了我国全面发展中的薄弱之处。

其二，不能很好地满足农民的发展需求。受固有印象的影响，在大部分人的心目中，虽然农业成为一种行业，但是仍存在一些问题。体现在农民"身份"特征深入人心，即使国家发布了诸多政策将农民转变为一种职业，其职业认同感仍任重而道远。社会大环境使得农民对自身的身份转变缺乏足够的认识，无法体现自我价值，从而对农村居民的职业抉择产生了较大的冲击。因此，农民为了满足自己的需求，往往会选择放弃耕种。另外，与城镇相比，农村在基础设施建设和公共服务等方面存在着较大缺陷，无法提升农民生活的幸福感。只有让农民意识到成为新型职业农民能够满足其多方位的需求时，他们才会主动且积极地参与到培育活动中。

其三，农产品缺乏市场竞争能力。长期以来，我们在发展农业过程中，只注重增加单产、增加农产品数量的供给，而忽略了其品质保障。在新时代，人们的消费能力和消费要求越来越高，而作为农产品供给主体的农民，已经很难再为人们供给高质量的农产品。国外的优质农产品大量流入我国，相同质量的农产品，有的价格甚至低于本土产品，因此，在"成本上限"与"价格下限"的双重压力下，我国农民收入下降幅度进一步加大，这对农民的工作热情造成了很大的打击。此外，虽然我国的农产品中优质的产品数量并不少，但往往品牌建设力度及经营主体市场营销能力不足，使得此类农产品很难实现价值最大化。

（三）政府相关职能有待优化

非营利性、公益性是我国新型职业农民培育工作的一个显著特征，在开展培育工作时，具有明显的政府主导特征。因此政府主导作用的强弱，在很大程度上影响着新型职业农民培育工作的成效与发展的质量。当前，限制政府作用不能完全发挥的原因如下。

其一，相关部门之间的配合存在不足。新型职业农民培育是一项集农业、科技、教育、财政等为一体的工程，政府所有相关部门都需要参与进来，但是目前这些部门之间缺少有效的配合机制，在开展具体培育工作时，不能及时沟通和配合，不仅无法发挥单个部门的优势，而且会因为职责不清出现互相推诿现象，让相关工作的处理速度变得更慢，并且职责范围不够明确也导致不同部门存在业务交叉、重复施策等问题，对培育相关资源造成严重的浪费。

其二，基层政府对培育工作重视程度不足。我们国家对于新型职业农民培育十分重视，将其作为一项发展性战略，各地都对此给予极大的关注，并相继制定了相关的政策和计划。中央制定的政策需要层层下到各基层政府推行，新型职业农民培育的主要对象是农民，直接对其负责的是县级以下的各级政府，这些基层政府在培育活动中发挥着重要作用。然而，因为培育新型职业农民需要很长时间而且见效慢，不能将其迅速地转变为社会生产力从而推动地区的经济发展。这就造成很多基层政府没有完全意识到新型职业农民培育对于我国全面发展的重要性，仅将其与其他类型的普通培训等同看待。因此，在新型职业农民培育方面，只是应付式地完成工作，使国家和省级政府出台的各项政策和计划没有得到很好的执行，对区域内新型职业农民的培育产生了很大的影响，使得新型职业农民培育的组织和管理变得更加困难，严重影响了今后新型职业农民培育工作的顺利开展。

（四）社会服务供给有待完善

没有形成健全的农业农村社会化服务供给体系，也是限制新型职业农民发展能力提升的一个主要因素。

其一，目前我国的基础公共服务存在着供给不足的问题。我国农村地区与城镇相比，在提供基础公共服务方面存在着很大的差异，这也成为农村地区发展缓慢的主要原因。从事农业生产的农村是否具有健全的基础公共服务资源，是影响人们是否选择成为一名职业农民的重要因素。从目前的发展来看，农村的基础公共服务跟城镇差距较大，这对农村培育人才、吸引人才和留住人才造成了很大的限制。

其二，农业社会化服务供给不足。虽然经过了多年的实践探索，但目前我国新型职业农民培育仍处于起步阶段，新型职业农民队伍也是初具雏形，因此，队伍成员的能力还较为薄弱，与农业相关的社会性服务的质量对他们的影响较大。目前我国针对农业相关的社会服务体制及服务质量方面还存在着许多问题。一方面，由于农村公共服务组织不健全，手段单一，人才匮乏，对新型职业农民成长和队伍的壮大起不到应有的促进作用。另一方面，我国的经营性农业社会化服务机构职能定位模糊、发展迟缓，落后于农业产业发展的进程，各种类型的服务很难在农业产业化进程中发挥作用。

❀ 第四节　试点地区新型职业农民培育服务对乡村振兴战略主要启示

一、乡村产业振兴视角下的启示

在乡村振兴战略中，产业振兴居于五个振兴的首位，而产业兴旺又是乡村振兴的基础，如果没有产业的发展，乡村振兴就是无源之水、无本之木。农业兴旺是产业振兴和产业兴旺首先要打破的困境。"三农"问题已经成为当前中国经济发展中最大的瓶颈，新农村经济发展离不开农民的支撑，而农民的总体素质又直接关系到新农村经济增长的速度与质量。我国农村经济社会发展的速度和质量与农民的综合素质密切相关。通过试点地区的培育实践我们可以发现，新型职业农民培育对乡村的产业发展起到了积极推动作用。新型职业农民培育，对提高农民整体文化水平和综合素质能力有益，可以用最少的人力、物力、财力创造出更大的价值，可以更快更好地实现农业产业兴旺的目标，促进乡村全面振兴如期完成。

首先，培育新型职业农民能够提升农业现代化发展速度。近年来，我国的农业科技水平不断提高，农业的发展速度也在不断地加快，农村各方面有了较大的变化，但是，总体来说，与城镇相比，农村存在着发展滞后的现象，两者之间仍然存在不小的差距。由于城镇的发展速度较快，工作岗位越来越多，且城镇的收入也远远高于农村，农村的青年劳动力越来越多地涌向城镇，使农业"后继无人"，并出现阶段性、地域性的"人才荒"现象。留守在农村的大多是老人和妇女儿童，青年劳动力的数量越来越少，农村中出现了严重的老龄化现象，再加上农民的职业技能水平较低，我国农业人力资源出现结构上的不足，农业产业的生产力将会大大降低，从而在某种程度上影响到我国农业现代化的进程。此外，人们对农产品的种类和品质都提出了更高的要求，而传统的农业耕作方法已经不能满足人们的多元化需要。因此，迫切需要培育出一批能够推动农业向纵深发展的新型职业农民。通过一系列的培育活动而从事农业生产的新型职业农民，已经掌握了一些与现代化农业生产相关的技术，能够有效提升他们的农业机械操作水平，从而提高农业机械化、自动化生产效率，促进农业现代化生产发展，能够在更短的时间内创造出更多的经济效益。这样，就可以在提高粮食产能，保证国家食品安全的同时，满足人民的物质需要。还能够大力推进"农业+"多种产业的发展模式，促进农村一二三产业的深度融合。农业现代化发展的关键在于人的现代化，有知识、有技术、会管理、懂经营的新型职业农民肩负着农业的现代化使命，而要使农民达到现代化水平，最重要的方法就是对他们进行培育，培育能够让他们拥有现代化的观念，掌握机械化的操作技术，并拥有现代化生产和管理的能力，从而使他们能够运用科学的现代化方法进行农业生产，使农业的机械化、技术化和科学化水平持续提升。

其次，培育新型职业农民能够促进当地的农业经济发展。网络技术已经遍布于人们的生活、工作和学习，人们的身边每时每刻都充斥着大量的数据，并且不断地运用这些数据来发展生产，提高产品的效益，生产领域的信息化、现代化和科技化水平也在不断地提高。一些较为年轻的新型职业农民充分借助互联网的便利，在网上开设店铺，直接销售自己的农产品，从而促进了智慧农业的发展，极大地带动了乡村电子商务的发展，推动了农业与信息技术产业的深度融合，并且吸引了周边的农户参与进来，从而产生了推动当地农业经济繁荣发展的效果。

最后，创新是实现产业融合发展的重要推动力量。农村一二三产业的融合，指的是以制度创新和技术创新为核心，以农业作为融合的主体，把各种生产要素一起融合到主体之中，实现对资源要素的跨产业分配，进而让农村一二三产业之间的关系变得更为密切，持续地将农业经济发展水平提升到一个新的高度，进而促进乡村振兴战略向纵深发展。新型职业农民拥有开阔的视野和开拓的思路，他们能够将因季节而闲置的资源用旅游业等产业发展的方式，对其进行最大限度的开发，从而为农民创造更多的收入，同时能改善他们的生产和生活条件。目前，一些新型职业农民运用他们的管理、服务和生产技术能力，创办了与当地农业特点相适应的家庭农场、农业合作社等"三产"融合的企业，对农业产品进行区域品牌的培育，并获得了明显的效果。

二、乡村人才振兴视角下的启示

伴随着教育的持续普及，相对于以前来说，如今我国农民的文化水平有了很大程度的提高。然而，因为长久以来存在的对教育的重视程度不够及教育资源匮乏等问题，在农村，还有很大一部分农民的文化程度和素养仍然处于较低的水平，甚至有一些人完全没有接受过教育，且这些人占据了目前农村劳动人口中相当大的比例。

乡村振兴战略的实施离不开人力资源。培育新型职业农民，既可以提升当前农村劳动力的文化素养，也可以为乡村全面振兴不断地提供农业技能型人才。作为现代农业发展的主要力量，新型职业农民也是推动乡村振兴战略实施最积极的有生力量。在实施乡村振兴的总体要求中，农村职业技术人员的主动参加是不可缺少的。要想实现乡村振兴，就必须培育出一大批有能力、有素质、有知识、有一技之长的新型职业农民，而培育的重点对象是具有一定文化水平的农村青壮年、返乡农民工、返乡大学生和退伍军人等。

培育新型职业农民，就是为了解决现代化农业发展进程中人才不足的问题。实施乡村振兴战略，是为了彻底地解决我国的"三农"问题。而要想实现乡村振兴，最重要的就是要培养出一批优秀的人才。新型职业农民培育可以为现代农业的发展提供一批优秀的农业人才，这样才可以更好地促进专业化、规模化、集约化农业的发展，从而达到农产品的高效供应。

从试点地区的有关实践中能够看到，各地政府利用新型职业农民培育工程，从农业技能教育培育、土地流转政策完善、融资贷款政策创新等角度，为农民的整体发展创造了一种良好的经济环境、社会文化环境和制度环境。在培育新型职业农民过程中，可以使他们熟练地运用现代的农业生产技术和农业产业经营管理的观念，增强他们对农业的各项知识的了解，提升他们的科学文化素质，从而推动他们的整体发展。各省、市、县、乡按照各自的发展计划，开展新型职业农民的培养，并且结合各自的特点，进行有效的资源整合，制定出一套科学、切实可行的培养新型职业农民的计划。例如，在上海青浦区，政府部门充分发掘并利用农民田间学校的功能，构建并完善了一套新型职业农民培养体系，以"理论+实践""学校+基地""学习+交流"等培养方法为基础，对受培育者的专业技能进行提升。实践结果也表明，培育新型职业农民能够为推进农村经济社会发展创造有利条件。

三、乡村文化振兴视角下的启示

目前，我国城镇和农村的发展不均衡，既体现在经济方面，也体现在物质文明和精神文明发展上。乡风文明既是乡村振兴的基础，也是实现乡村振兴的一个重要指标，乡风文明的提升代表着农村内在诸多要素的整体提升。通过对新型职业农民进行培育，可以有效地提升农村居民的整体素质，从而使农村居民的精神生活更加充实，使农村乡风文明的层次得以提升。

新型职业农民是实现乡村振兴的主要力量，提升该群体的文化素质，既可以带动全体农民文化素养的提高，又可以促进乡村的文化振兴。受过教育才能够知廉耻，才能够逐渐具备一定的文化素养和道德水平，并且能够对自身产生更充分的认知。而文化素质并不只是代表最基本的科学技术知识素养，还代表着更深层次的人文与社科类文化的素养。

首先，在新型职业农民参与培育活动后，不仅能够提升自身的文化素质，而且能够将培育结果反馈于培育活动中，让培育更具生机和活力，进而提高全民的整体文化素质。通过培育活动的开展，农民的文化素质得以全面提升，还可以弥补农村对传统文化继承和再开发方面的不足，从而推动农村传统文化的传承和创新①。其次，通过提升新型职业农民的文化素养，可以促进新农村的建设，并与其他相关行业产生关联，从而形成文化产业的规模效益。在新农村中，对各种软硬件设施进行投资，能够极大地充实农民工作之余的休闲生活，在某种意义上，能够对过去存在的不良行为进行压制，让农民能够积极踊跃地参与到健康的娱乐和文化活动中。而积极健康的生活氛围必定会改善农民的精神面貌，进而彻底改变其他人对农村的固有看法，增加外来投资的吸引力，让更多的人加入到新农村的建设中，使得新农村的建设可以长期稳定地进行下去。在良好的农村文化环境中，农民可以利用自己所处的区域和行业特点，更为积极地从事农业生产，并勇于创新，增强当地群众共同创业的信心，带动整个地区经济蓬勃发展。

---

① 李晓华，王稳，朱颜. 乡村振兴背景下我国村级集体经济发展路径研究［J］. 农业经济，2022（11）：36-39.

四、乡村生态振兴视角下的启示

坚持人与自然和谐共生是乡村振兴战略的基本原则，2018 年 1 月出台的《中共中央 国务院关于实施乡村振兴战略的意见》中提出推进乡村绿色发展，打造人与自然和谐共生发展新格局，必须尊重自然、顺应自然、保护自然，推动乡村自然资本加快增值，实现百姓富、生态美的统一①。农村生态文明指的是在从事农业生产、经营和日常生活过程中，积极主动地对与自然、城市和社会之间的关系进行改进和优化，并取得一系列的物质和精神成果，具体内容包括建设农村生态环境、塑造农村风貌，以及提升农民自身素质。

新型职业农民具有带头作用，在新农村建设过程中，能够引领和带动其他农民共同发展农村经济，是实现乡村振兴的关键所在。新型职业农民经过培育后，对市场需求有着与生俱来的敏感，同时拥有很强的社会责任感和历史使命感，他们将是生态宜居乡村的建设者和领军人物。在与生态素质相关的培养中，他们养成了较高的道德素养和更为环保的生活习惯，他们可以对自己在生态建设中的主体地位有更为正确的认识。他们具备了生态意识、生态危机意识，以及自我学习能力，在经过培育之后，他们也拥有了对环境保护的知识，可以树立起正确的生态价值观念，对农业生态环境有了清晰的了解，从而使农村的生态环境得到有效的维护。

五、乡村组织振兴视角下的启示

新型职业农民培育，政府在其中发挥着关键作用，而地方各级政府是承上启下的基层行政单位，是进行培育的第一线。地方各级政府是地方发展的"引路人"和"导航者"，它们在培育过程中承担着多元的责任，有关机构既要制定培育制度、培育政策，又要制定培育方案，协调资金，统筹主体协作，开展培育启动后的监督与引导工作。他们不仅扮演着组织者、指导者的角色，而且是执行者和监督者。

通过各试点地区培育实践活动的开展我们可以发现，培育实践活动之所以能够获得成功，与各地政府及相关部门的整体谋划和科学管理有着密不可分的

---

① 中共中央 国务院关于实施乡村振兴战略的意见［N］. 人民日报，2018-02-05（1）.

关系。在培育新型职业农民过程中，各地的政府组织机构要对其责任进行界定，并对培养工作进行宏观规划，为培养方案的制定提供一个总体架构；确定培养的主体、对象和内容，并对培养的质量进行监控。在进行上述工作的同时，强化了各个政府部门的组织性，使各个级别的政府部门之间的关系更加紧密。在培育新型职业农民的同时，需要各个级别的政府提供较高层次的公共服务，并且需要不断地提高公共服务水平，只有这样，才能让新型职业农民的培育取得一定的效果。

对于其他地区来说，可以借鉴试点区域的成功经验，再结合各自的具体情况，消化吸收上级有关扶持政策，对培育工作的思路和举措进行创新，通过对培育工作进行科学的规划和布局，把其融入乡村振兴的整体部署之中，从而构建出一套中长期的新型职业农民培育发展计划，并将培养工作纳入各个区域的经济发展计划之中。此外，鉴于新型职业农民培育工作所涉的范围广，是一个需要多个部门协同配合的复杂系统性工程，因此，在此过程中，各地政府要更好地起到统筹和协调的作用，要把握好发展方向，加强对人才培育的有效引导，提高人才培育的效能。新型职业农民培育的核心是政策支持，这是培育新型职业农民的基础，要想让培育工作获得良好的效果，就要有相应的社会保障与政策支持，在目前的几个典型示范县的培养模式中，均包括政府对新型职业农民培育工作的大力支持，对待有新型职业农民资格证的农民给予了一定的政策倾斜，更好地发挥了政策支持的杠杆效应。所以，各地政府要充分发挥自己的领导能力，加强对当地的政策支持，根据当地的具体情况，制定出一套适合当地实际情况的培育政策和保障体系，为当地的新型职业农民培育营造一种更好的氛围。

此外，根据政府的作用原理，在人才培育过程中，政府是培育的主体，必须通过改善其提供的公共服务来改善培育的质量。各地政府要与当地的情况相结合，将教育资源进行整合，更要做好顶层的创新设计，制定出与当地相适应的总体培养方案及培养的支持扶持政策。

第四章　乡村振兴战略背景下湖南新型职业农民培育现状与主要问题

❀ 第一节　新型职业农民培育主要政策目标与相关实践要求

一、培育新型职业农民主要政策目标

为加快培育壮大新型职业农民，政府充分发挥领导作用，为新型职业农民培育营造了一种良好的政策环境。2017年，农业部发布的《"十三五"全国新型职业农民培育发展规划》中指出，加快构建一支有文化、懂技术、善经营、会管理的新型职业农民队伍，提出2020年计划培育新型职业农民队伍总量超过2000万人，提高接受高等教育人群的比例，促进农民的职业化程度，为农业现代化建设提供坚实的人力基础和保障。按照党中央的决策部署，农业部自2012年开始，在全国启动新型职业农民培育试点工作，各试点地区紧扣实际，积极创新培育模式，经过探索，取得了显著的成效。

2012年中央一号文件首次提出大力培育新型职业农民，开启了具有中国特色的农民职业化道路。截至2019年，连续8年的中央一号文件中都对新型职业农民培育作出明确指示。此外，相关部门每年也会从政策层面不断细化和完善对新型职业农民培育工作的指导意见。

2012年中央一号文件中指出，"大力培育新型职业农民，对未升学的农村高初中毕业生免费提供农业技能培训，对符合条件的农村青年务农创业和农民工返乡创业项目给予补助和贷款支持"，强调要将培育对象重点放在青年一代，为未来培育工作奠定了基调。同年8月，农业部出台《新型职业农民培育试点工作方案》，决定选取100个县开展试点工作，围绕县域主导产业，以家庭农

场和种养大户为主要培育对象，力争 3 年内为农业提供 10 万人规模的新型职业农民队伍。

2013 年中央一号文件中再次强调，"大力培育新型农民和农村实用人才，着力加强农业职业教育和职业培训"。同年 5 月，农业部办公厅印发《关于新型职业农民培育试点工作的指导意见》，首次对新型职业农民的概念和类型进行了详细阐述，并且强调各级政府部门要重视培育工作，积极构建新型职业农民培育制度、认定管理制度与扶持政策，加快推进新型职业农民培育试点工作。

2014 年中央一号文件中指出，"加大对新型职业农民和新型农业经营主体领办人的教育培训力度"，并扩大了试点范围。在之前 100 个试点县的基础上，又增加了 2 个示范省和 14 个示范市。同年，农业部、教育部联合印发了《中等职业学校新型职业农民培养方案试行》，并在内蒙古自治区、河北省、福建省等地开展试点工作，取得了良好的效果。

2015 年中央一号文件中指出，要"积极发展农业职业教育，大力培育新型职业农民"。同年 3 月，农业部科技教育司发布了《关于做好 2015 年新型职业农民培育工作的通知》，将试点规模扩大到 4 个整省 21 个市 487 个示范县，并联合相关部门启动青年农场主培育计划。同年 11 月，在"十三五"规划中指出，从农村土地制度改革、农村金融改革、农村保险改革等出发，构建培育新型农业经营主体的政策体系，培育新型职业农民。

2016 年中央一号文件将职业农民培育纳入国家教育培育发展规划，第十二届全国人大四次会议把"培育新型职业农民"写入政府工作报告。时任农业部部长韩长赋在回答记者问"农民工进城谁来种地"时表示，未来农村的地谁来种、怎么种，要靠培育新型职业农民发展现代农业来解决。国家加大财政支持力度，中央投入 13.9 亿元，以期实现 100 万名新型职业农民的培育任务。同时，示范范围进一步扩大至全国 8 个整省 30 个市含 100 个现代农业示范区在内的 800 个示范县。

2017 年中央一号文件中指出，"优化农业从业者结构，深入推进现代青年农场主、林场主培养计划和新型农业经营主体带头人轮训计划，探索培育农业职业经理人，培养适应现代农业发展需要的新农民"。为强化人才对农业现代化发展和新农村建设的支撑作用，2017 年 1 月 9 日，农业部印发了《"十三五"全国新型职业农民培育发展规划》，明确了"十三五"时期培育工作的发展思路、主要任务、发展目标、重点工程和具体措施。10 月 18 日，习近平总书记在党的十九大报告中提出实施乡村振兴战略，明确指出，"培养新型农业经营主体"并"培养造就一支懂农业、爱农村、爱农民的'三农'工作队伍"。

2018 年中央一号文件就如何破解乡村振兴中的人才瓶颈问题，提出"大力培育新型职业农民。全面建立职业农民制度，完善配套政策体系。实施新型职业农民培育工程"，并鼓励新型职业农民参加学历教育，鼓励各地开展职业农民职称评定。同年 3 月，农业农村部印发了《2018 年农业科教环能工作要点》的通知，指出要以完善政策和提高质量为重点，推动地方构建职业农民制度框架；结合地区产业发展需求，壮大新型职业农民队伍；探索培育新模式，提高针对性、规范性、有效性，调动多元涉农主体参与培育；从教育培育资源、信息化手段、示范基地建设等方面不断完善新型职业农民培育条件。

2019 年中央一号文件中再次强调"实施新型职业农民培育工程"，壮大懂农业、爱农村、爱农民的"三农"工作队伍，对把乡村人才纳入各级人才培育计划中给予重点支持，引导各类人才投身乡村振兴。同时强调要发挥好农民的主体作用，通过大力发展面向乡村需求的职业教育，加强建设高校涉农专业以及抓紧出台相关政策意见等措施，激活和调动农民的积极性和主动性。此外，该文件对支持各类人才返乡下乡创新创业也作出指示，要求各地从税费减免、信贷资金、用地和孵化平台建设各方面不断完善支持服务体系。

2020 年中央一号文件中提出，重点培育家庭农场、农民合作社等新型农业经营主体，培育农业产业化联合体，通过订单农业、入股分红、托管服务等方式，将小农户融入农业产业链。

2021 年中央一号文件中提出人才振兴的要求，培育高素质农民，组织参加技能评价、学历教育，设立专门面向农民的技能大赛。吸引城市各方面人才到农村创业创新，参与乡村振兴和现代农业建设。

2022 年中央一号文件中强调，未来要大力培养农业种植人才，培育一批新型职业农民，特别是富有朝气的年轻一代农民，这是未来农业发展中的"基石"，如果我们的农业没有足够的吸引力，或者说没有足够的盈利空间，所有的一切都将是空谈。

近年来，新型职业农民培育工作成效显著，政府层面不断完善的顶层设计起到至关重要的引导作用。可以肯定的是，未来要取得新型职业农民培育工程更大的胜利，仍需要不断改革创新，释放政策红利。

二、培育新型职业农民相关实践要求

（一）创新能力

在实施乡村振兴战略的大背景下，新型职业农民需要敢于创新，能够紧跟市场需求，具有市场竞争意识。想要实现乡村振兴，就需要主体具有创新精神，产业兴旺、生态宜居、乡风文明、治理有效、生活富裕，这是乡村振兴战略的基本要求。我们国家地域广阔，在不同的区域，自然风光、资源、生态、民风民俗等方面具有很大的差别，要想真正实现乡村振兴，就要勇于创新，同时需要结合本地的实际情况，因地制宜，走出一条独特的创新道路，并以此为基础，以市场需要为导向，将更高质量的特色农产品提供给市场。此外，还需要在农产品的种植、包装、生产工艺，以及营销思路等方面全方位地进行创新。

（二）竞争能力

在当今时代，想要提高农产品的经济效益，必须具备市场竞争意识，这一点对于新型职业农民来说，属于必备的基础素质。与自给自足的小农经济时代相比，在市场化程度越来越高的新时代，如果没有市场竞争意识，就很容易陷入同质化严重、盲目跟风等困境之中。因此，在乡村振兴的背景下，新型职业农民需要具有很强的市场竞争意识。

在农产品的生产、包装、销售等一系列的产业链中，要持续地对自身进行准确定位，紧紧地抓住市场的需要，使自己的产品具有更多的独特性和竞争力。销售量的增加也有利于增加新型职业农民的经济收入，进而增加其在农业、农业生产、农产品加工等工作过程中的总收入。新型职业农民与传统农民之间存在差异，尤其是在乡村振兴时代，新型职业农民需要拥有更强的市场竞争意识，跟随市场需求进行农产品的生产、加工、销售。

（三）管理能力

在农业现代化速度不断提升，农业市场不断健全的情况下，新型职业农民在未来一定会成为一个高度专业化的职业。

随着现代农业的规模化和科学化发展，对新型职业农民的经营和管理能力提出了更高的要求。传统农业的管理存在随意性、管理效率低下、欠缺科学性等问题，在乡村振兴背景下，如果要实现乡村产业的繁荣兴旺，新型职业农民的经营管理能力就要有更大程度的提升，这一点是毫无疑问的。现代农业对现代农业经营主体提出了更高的要求。例如，在温室种植中，使用计算机程序来控制温度、湿度；在养殖场中，使用计算机程序进行自动化喂食、通风、温度调节、消毒等控制。

另外，未来的农业将朝着专业化、规模化方向发展。这就要求新型职业农民具有更高的经营管理水平，这是其不同于普通农户的关键所在。想要具备较高的经营管理水平，就需要学会更多的商业知识和技能，还需要对有关农业的政策和法律有一定的了解。以种植为例，在种子的选择、肥料的使用、农药和劳动力的计划和分配，以及成本和利润的控制等方面均须控制到位。

（四）操作能力

在乡村振兴背景下，伴随着农业和农村现代化进程的不断推进，科技应用能力越来越受到重视，其也必然会成为新型职业农民的必备技能之一，没有科技的推广和运用，没有机械化的普及，就没有农业和农村的现代化。

随着九年义务教育的普及，我国人民的文化水平得以大幅度的提升，但是，因为历史遗留问题，城乡之间仍然存在着巨大的差异，目前，农民的总体素质仍需提升，尤其是在科技应用能力等方面，难以满足农业农村现代化的需求。我国的农业机械化水平还不够高，农机具的造价高，许多农户不具备购买的经济能力，只能采取传统的方式进行耕种，劳心劳力，且农产品的价格偏低，导致花费了很大力气却收入有限，严重地打消了农民耕种的积极性。

另外，许多农民受个人文化水平的制约，不具备较强的学习和接受新科技的能力，科技知识缺乏。因此，要实现乡村振兴，要推动农业农村现代化，新型职业农民一定要拥有更高的科技操作能力①。

（五）学习能力

与传统农民不同，新型职业农民均具有一定的文化水平，而乡村振兴战略

---

① 姜涛，于红梅. 新型职业农民培育：政策推动、实践探索、存在问题与未来出路［J］. 职业技术教育，2021，42（35）：77-80.

的实施又对新型职业农民的文化水平提出了更高的要求。乡村振兴是一项系统性的复杂工程，其关键在于人才。新型职业农民是乡村振兴战略实施的主体力量，要确保乡村振兴战略高质量完成，一定要让新型职业农民具有一定的学习能力，这里的学习能力主要是指终身学习能力。

其一，在知识爆炸和快速更新的信息时代，知识经济受到了极大的冲击，没有终身学习观念的人，将很难跟上时代的发展要求。乡村振兴战略的实施，给农村的发展提供了良好的机遇，同时要求新型职业农民逐渐培养自身终身学习的意识。

其二，要养成终身学习的好习惯。实现乡村的全面发展并非一日之功，并且我国的农业、农村和农民的现代化进程在逐步深化。进行持续的学习，不断地更新知识并充实自己，这并不只是一句口号，而是在乡村振兴的大背景下，新型职业农民需要具备的一种能力。只有具备了终身学习的能力，才能使新型职业农民时刻都具有创造性及市场化的思维。这样，他们才能一直保持良好的经营和管理水平，才有足够的实力去运用最为先进的农业科技成果，成为一名有知识、懂技术、善经营的新型职业农民，实现农业农村现代化、乡村振兴，最终实现中华民族的伟大复兴。

第二节　湖南新型职业农民培育现状观照

一、湖南新型职业农民培育基本情况

（一）湖南新型职业农民培育现状调查

湖南作为全国新型职业农民培育整体推进示范省，新型职业农民培育工作已经在全省推广开来，著者对长沙市/县、益阳市、湘西州、华容县、邵东县、保靖县、洞口县几个正在参加培育或参加过培育地区的农民进行了调研，一共发放调查问卷 310 份，实际收回 286 份，其中有效问卷为 278 份。

1. 调查对象的基本信息

通过调查发现，影响新型职业农民培育的因素主要有：个人方面包括性别、年龄和受教育程度；生产方面包括经营类别、雇佣劳动力人数；经济方面

包括家庭农业生产月总收入。调查对象的基本信息如表4-1所示，鉴于农村的主要劳动力以男性为主，同时考虑事宜劳动的年龄，因此调查的主体中男性占据88.4%。调查对象的年龄范围集中在31—45岁，受教育程度以中学为主，经营类别主要是种植与养殖，雇佣劳动力人数多为30人以下，家庭农业生产月收入多为5001~10000元。

表4-1 湖南省部分地区调查对象的基本信息

信息类别	选项	选择人数/人	所占比例
性别	男	246	88.4%
	女	32	11.6%
年龄	17岁及以下	13	4.6%
	18—30岁	42	15.1%
	31—45岁	114	41.0%
	46—55岁	92	33.0%
	56岁及以上	17	6.3%
受教育程度	小学	36	12.9%
	中学（包括普通初中及高中、中专、职业中专）	181	65.1%
	大专	32	11.5%
	本科及以上	29	10.6%
经营类别	一般农户	46	16.5%
	种植大户	82	29.4%
	养殖大户	71	25.5%
	家庭农场主	22	7.9%
	土地流转经营户	24	8.6%
	农民专业合作组织	19	6.8%
	其他	14	5.3%
雇佣劳动力人数	5人及以下	119	42.8%
	6~10人	35	12.6%
	11~20人	57	20.5%
	21~30人	48	17.3%
	31人及以上	19	6.8%

表4-1（续）

信息类别	选项	选择人数/人	所占比例
家庭农业月生产 总收入	5000 元及以下	86	30.9%
	5001~10000 元	117	42.1%
	10001~30000 元	48	17.3%
	30001 元及以上	27	9.7%

2. 调查对象的生产经营情况

调查对象的生产经营情况如表4-2所示，通过内容分析能够看出，在新型农业科技手段方面运用得并不充分；在使用农业机械化生产方面，使用智能机械自动化的人数所占比例并不高，还有较多的人采用纯人力生产模式；对于动植物疫病防治技术的掌握程度不高，一般了解和不太了解所占比例较高；农副产品的销售主要还是依靠农贸市场进行面对面交易。

表4-2　湖南省部分地区生产经营情况

类别	选项	选择人数/人	所占比例
应用新型农业科技手段	经常应用	46	16.5%
	只会运用一两种	156	56.1%
	很少用	76	27.4%
使用农业机械化 生产情况	智能机械自动化	41	14.7%
	传统机械化生产	115	41.4%
	机械化与人力相结合	89	32.0%
	纯人力生产	33	11.9%
对动植物疫病防治技术的 了解情况	非常了解	26	9.4%
	一般了解	114	41.1%
	不太了解	89	32.1%
	完全不了解	49	17.4%
销售农副产品的渠道	电子商务平台	43	15.5%
	村里统一收购	65	23.4%
	农贸市场	112	40.3%
	在家等待收购商收购	58	20.8%

表4-2(续)

类别	选项	选择人数/人	所占比例
关注农业节目或网站情况	经常关注	79	28.4%
	偶尔关注	105	37.8%
	不关注	58	20.8%
	没有条件	36	13.0%
农业生产和销售的决策依据	根据市场行情	75	26.9%
	根据政府政策	123	44.2%
	跟着邻居	58	20.9%
	根据电子商务平台	22	8.0%

3. 调查对象的培育效果评价

新型职业农民培育活动的开展是否取得了一定的效果，主要以培育对象参与培育活动后的满意程度为参考，这也是政府或培育机构制定后续培育规划的依据。如表4-3所示，根据本次调查结果，培育对象反映自身的管理能力得到了较大提升，对于培育内容和培育师资也都较为满意，但对于培育前、培育后、培育效果等的宣传力度满意度较低。

表4-3　湖南省部分地区调查对象对于培育效果的评价

评价类别	选项	优	良	中	低
培育对象	培育后的增收情况	15.4%	42.3%	23.2%	19.1%
	运用高科技的情况	27.2%	51.3%	7.6%	13.9%
	管理能力的提升情况	28.6%	51.2%	12.8%	7.4%
	培育方式	25.4%	43.2%	11.8%	19.6%
	培育内容	18.1%	62.6%	11.2%	8.1%
培育体系	培育方式	9.4%	29.5%	39.4%	21.7%
	培育内容	11.6%	41.4%	31.8%	15.2%
	受训意愿	29.3%	46.5%	19.3%	4.9%
	培育师资	28.1%	49.3%	13.7%	8.9%
	培育时间	28.6%	19.5%	23.4%	28.5%
扶持政策	科技扶持政策	19.6%	25.3%	30.4%	24.7%
	产业扶持政策	20.3%	39.8%	19.5%	20.4%
	财政扶持政策	21.2%	19.3%	38.9%	20.6%
	信息宣传力度	31.2%	39.4%	14.3%	15.1%

（二）湖南新型职业农民培育效果分析

面对国内外农业迅速发展的新趋势，湖南省借鉴试点地区的成功做法和经验，并立足于省内的实际情况，将解决问题的重点放在了"谁来种地"等方面，通过对农民教育培养、农业政策信息宣传、农业品牌建设等方面的探索和创新，逐渐建立起一种新型的农业模式，找到了一条符合湖南发展特点的现代化农业发展之路。湖南省在培育新型职业农民过程中，取得的成效主要包括以下六点。

1. 人才队伍逐渐成型

湖南省政府早在 2014 年就已经展开了新型职业农民的培育工作。较为突出的是在对新型职业农民的认定方面，必须满足以下四个条件：其一，要具备农科中专以上学历；其二，要拥有国家职业资格技能证书；其三，必须拥有 3 年以上的农业规模经营或服务经验；其四，收入水平不低于当地城镇居民人均纯收入。满足以上条件的人群，采取自愿的方式申请资格认定，结合申请人的具体水平，分别颁发高级、中级、初级三种证书。湖南以培育"有文化、懂技术、会经营"为新型职业农民培育的宗旨，持续加强对新型职业农民的培育，成功地培育出一大批高素质的新型职业农民，使他们成为推进现代农业发展和社会主义新农村建设的中坚力量。截至 2018 年，湖南省共有新型职业农民 6 万人、农民专业合作社 8.9 万个、家庭农场 3.8 万户、农业社会化服务组织 4.7 万家。

湖南省新型职业农民培育对象类型主要有种粮大户、养殖大户、农机大户及农机合作社四种。根据时任湖南省农业广播电视学校校长向镇满公布的数据，到 2015 年，湖南全省有 60%以上农村专业大户、科技示范户通过轮训，逐步达到中等以上职业技术水平，即达到农业部授予的新型职业农民等级中等水准。2015 年实现了全省每年实施农村劳动力转移就业技能培育 200 万人次，实现新增转移就业农民 80%有证上岗；每年实施农民科技培育 500 万人次，逐步实现从事农业生产经营的农民每人掌握 1~2 项农业实用新技术；每年开展农民创业培育 5 万人次，农业科技示范户培育 2 万户。

湖南省将农林牧渔业的各种生产养殖大户列为主要的新型职业农民培育目标，由本省的农业部门亲自颁发非常有效的高、中、初级认定证书。据新型职业农民相关网站数据，湖南省在 2014 年具有培育资格的机构有 500 多家，在 14 个试点县共确定培育对象 2.36 万名，已组织各类培育 6080 人次，认定发证

1469 人。仅 2015 年一年，就组织培育新型职业农民 4.49 万人，认定新型职业农民 20491 人。截至 2018 年底，湖南全省自愿报名并录入到新型职业农民培育对象信息库的有 53 万人之多。省农委依据自愿申报原则，将培育新型职业农民的对象落实在各类劳动类型的典型人员中，如种养大户、农村经纪人等，建立并逐渐完善了这一类人员的信息库。而且随着新型农业经营主体的不断扩大，越来越多的农民积极主动地参加到职业培育的队伍中。有关数据显示，最近 5 年内，全省培育新型职业农民的人数已累计达到 16.4 万人，获得认证的有 45955 人。《2022 年湖南省高素质农民培育工作实施方案》落实了新型农业经营和服务主体能力提升、种养能手技能培育、农村创新创业者培育、乡村治理及社会事业发展带头人培育行动，计划培育 1.86 万人，实际完成培育 22254 人，完成率为 120.6%。截至 2022 年底，湖南省已累计培育高素质农民 27.6 万人。国家农民教育培训信息管理系统抽样湖南数据显示，新型农业经营和服务主体带头人超过 13.07 万人，种粮大户 7.2 万人。2022 年全省各地培育高素质农民中经营管理型占比约为 37.1%，专业生产型占比为 44.6%，技能服务型占比为 18.3%。培育对象以男性为主，占 64.4%；35 岁及以下占 15.5%；大专及以上文化程度人员占 11.8%（国家平均水平为 9.8%），高中文化程度人员占 35.1%（国家平均水平为 23.3%）。高素质农民培育工程的实施，为全面推进乡村振兴、加快农业农村现代化提供了坚实的人才保障。

在湖南省，通过培育活动的开展，农民的素质发生了巨大的转变。其一，一部分畜牧养殖和种植户在不断地接受农业科技的熏陶下，逐渐地转变了自己的经营观念，健全了经营管理体制，找准了市场的精准切入点，在经营方面取得了较大的成功。此类人群中的大多数年平均收入都超过了 15 万元，这将会吸引大量的传统农民和喜欢农业的城市居民加入到新型职业农民的行列中。其二，出现了一批在农业方面表现突出的致富强人，他们凭借自己对市场的敏锐洞察力，在农产品的销售上取得了巨大的成功，成为湖南乡村经济发展的中坚力量。其三，随着政府对现代化农业机械的补助不断增加，一些具有一定应用技术基础的人已经开始接触农业机械，他们不仅学会了操作，而且能够教会其他农民进行操作，大幅度地提升了农民的科技应用水平，充分发挥了带头人的作用。

2. 培训班逐渐开设

湖南省政府在各市级范围内开设了一批新型职业农民生产经营型培训班，

并推出了大量的培训"套餐"，培育对象涵盖新型农业经营主体带头人、生产经营型职业农民、返乡农民工和建档立卡的贫困户等。此外，还特别针对女性农民，开设了一些有特色的培育课程。经过这些培育举措，全省300名新型职业女性农民代表的思想得到了解放，她们的观念发生了变化，她们拓宽了自己的创业思维，从中受益良多。同时，她们创建了一支有创业能力和示范性的巾帼团队，为全省精准脱贫、乡村振兴提供了更多帮助。

湖南省虽然开辟了一条培育新型职业农民的新道路，并取得了一定的成绩，但目前仍面临着一些问题，如农民整体素质偏低、接受新知识能力差，以及政府对其培育的关注不足，这使得新型职业农民培育更多地变成了一种形式化活动，而对农民在生产中的实践作用却微乎其微。所以，新型职业农民培育这个任务任重而道远，只有打开农民的思维，提升他们的综合素质，他们才能够敞开胸怀，让湖南省农业现代化展翅高飞。

3. 培育平台逐渐建立

自2012年至今，湖南省政府紧随中央布署，一直坚持以人为本，设定了大致的运行结构，逐步建立了湖南省新型职业农民培育平台。2015年12月，湖南省农广校成立了"职业农民研究中心"，将新型职业农民培育工作与学者科研有效融合。还联合多个农业企业创建了湘农科教云平台，2016年在全省所有城市中选择了20个试点县进行培育，希望能通过试点县的成功培育，发现培育的问题，积累培育的经验，并以这些试点县为模范县，带动其他县进行学习，线上培育不受各种不确定因素的束缚，具有很强的自由性，所以参与培育的职业农民大多都能准时参加，也因此受到了许多学员的好评。

此外，还与农业广播电视学校、职业学校等单位合作，充分利用这些单位的优势，建设一些培育基地，并精心挑选优秀的教师对报名的农民进行职业培育，为农民提供一个良好的沟通平台，让他们能够一起学习，共同进步、共同致富。省内很多农业类高校也都在积极地响应新型职业农民培育的政策，组织开展新型职业农民的科技能力培育，湖南农业大学承办了"百村百名大学生"的培育班，班内配备专职班主任，以便更好地关心受培育者的学习和生活，为他们提供帮助，为受培育者创造一种良好的学习环境。

4. 培育条件逐渐改善

2020年，湖南省依据《湖南省高素质农民教育培训规范（试行）》（以下简称《规范》）加强农民教育培育条件建设，从培训机构、师资、实训基地等方面条件改善入手。一是充实优秀师资队伍。对湖南高素质农民教育培育师资库进行清理；同时，结合全省培育内容的变化，补充了电商、农业机械化等方面的师资力量。二是择优培训机构。《规范》明确各级管理部门确定优质培训机构数量，为切实发挥涉农高校及农广校主力军作用，《规范》要求这些培训机构承担培育任务数量比分别不低于年度任务总数的三分之一。三是优选实训基地。所有实训基地都是依托省级以上的示范园区、农业企业、合作社、家庭农场进行认定。湘阴县等县市区制定了《湘阴县新型职业农民培育培训教师管理试行办法》《培训机构遴选管理办法》等文件，调动多方力量参与农民教育培育。

5. 培育管理逐渐正规

其一，培育指导得到加强。湖南省依据《2022 年湖南省高素质农民教育培训班全过程管理验收表》《2022 年湖南省高素质农民培育工作绩效管理指标体系》，制定了指导工作方案。一是细化制度依据。要求各级农业农村部门在当地官方网站落实遴选培育对象、培育机构、实训基地、培育师资及授课内容评审、经费开支、验收培育满意率、绩效管理"六公示"制度。二是明确指导重点。培育机构要采取过程性评价、结果性考核和实践技能考评相结合的方式，综合评价学员的学习成果，为合格者颁发培育证书、农业农村部门或人力资源和社会保障部门颁发的职业资格证书、教育部门颁发的学历证书。三是延伸绩效考核。指导各地依据《湖南省高素质农民教育培训规范（试行）》《湖南省农民培育工作绩效考核指标体系》及落实粮食安全省长责任制考核中的农民教育培训等政府及部门相关考核指标，在自查的基础上，省农业农村厅对各地高素质农民培育计划开展情况实行绩效管理，组织对高素质农民培育效果开展绩效评价，绩效评价结果作为调整下一年度培育任务的主要依据。

其二，培育实施全程监管。一是实行开班报告制。要求每个班开班前，培训机构要向当地农业农村行政主管部门报告开班准备情况，重点报告培育方案在内容、时间、方式、师资等方面是否符合《2022 年湖南省高素质农民培育工作实施方案》《湖南省高素质农民教育培训规范（试行）》的要求。审查通过后，才能开班。二是实行跟班跟训制。对培训机构每开一个班，当地农业农村局科教部门都要指定 1~2 名同志全程跟班，并邀请纪检和财务部门对培训现场进行核查，督导培训机构严格按照培育计划推进培育工作，及时协调并解决培训中发现的问题。三是实行联合验收制。每个培育班完成培育任务后，当地农业农村行政主管部门要成立财务、纪检监察、科教等部门联合验收组，对培育班工作开展验收，现场形成验收报告。四是线下线上同步监管。依托国家农民教育培育信息管理系统对培育教师、培育基地、培育组织和培育效果进行线上评价，以县为单位，以培育班为单元，实现培育班次和学员信息100%上网，确保培育过程全程可追溯，确保线下线上评价全覆盖。

其三，资金管理得到加强。一是严格执行管理模式。项目资金管理严格按照农业农村部、财政部制定的《农业生产发展资金管理办法》执行，实行"五到县、一挂钩"的项目管理模式。二是规范资金使用范围。项目资金的使用严格按照"钱随事走"的原则，做到专款专用，主要用于教材、学员食宿及交通费、教师及管理人员差旅费、教师授课费、教学和实训材料费、场租费、宣传费、实训基地补偿费，以及培育对象的调查摸底、宣传招生、跟踪服务、培育监管等相关费用支出。三是严格项目资金监管。财政部门安排专人按照资金使用规定和培育方案对培训机构的资金使用情况参与联合检查验收，验收合格后，予以拨付项目资金。

其四，信息管理得到加强。依据湖南省农业农村厅《关于加强公民教育培训信息化管理工作的通知》，加强培育工作信息化管理。一是加强培育信息入库。培育对象、培育机构、培育班级、培育教材、实训基地、授课师资、课程师资及学员评价等所有信息100%需要录入国家农民教育培训信息管理数据库。二是做好线下与线上数据录入同步。在加强线下培育对象培育资料集中管理的同时，做好培育对象申报系统、师资申报系统、基地申报系统、教材信息系统、信息管理系统等信息数据录入工作，为高素质农民培育信息调度提供了重要抓手。三是实时动态监测调度。利用农民教育培训信息管理系统开展高素质农民培育信息统计，定期在全省通报培育任务完成的进度，对工作启动较慢、任务完成不及时的县进行督办，督促其抓紧启动和完成任务，实行培育过程和效果动态调度。

其五，绩效管理得到加强。湖南省农业农村厅下发了《关于召开2022年度全省高素质农民培育绩效评价工作会议的通知》。各地按照《2022年湖南省高素质农民培育工作绩效管理指标体系》收集相关佐证材料汇编，撰写自评报告。湖南省农业农村厅组织评价专家核查市（州、县、区）资料并进行打分，绩效管理结果与下一年度农民培育任务挂钩。

6. 培育探索逐渐完成

近年来，湖南省紧扣高素质农民教育培训目标，始终坚持以需求定基调、以制度保质量、以创新求突破，着力提高农民技能水平和综合素质，确保培育取得实效。坚持"三个"创新，增强培育效果。①创新培育机制。多年来，湖南省坚持把农民教育培训作为全面推进乡村振兴战略的重要举措，作为农业增产、农民增收的重要途径，初步建立了一套完整有效的教育培训、规范管理、政策扶持"三位一体"的培育机制，形成了大培育工作格局。联合湖南省残疾人联合会举办全省残疾人农业产业发展培育班。举办高素质农民创新创业比赛，如《2022 年湖南省高素质农民培育工作实施方案》要求，只要是电商培育班，在"三会一开"（会开网店、会微营销、会短视频制作，成功开启一场网络直播）的基础上，都要开展现场销售比赛。长沙市在全省率先出台《长沙市乡村振兴产业人才队伍建设若干措施》《长沙市新型职业农民评价认定管理办法（试行）》等扶持性文件。②创新培育模式。根据培育需求和产业发展规划，充分挖掘优势资源，因地制宜探索出政校合作、校企合作、政企合作等培育模式。③创新培育内容。在新增农村电商、农业机械化等知识的基础上，将农业转基因生物安全知识一并纳入培育内容之中。

二、湖南新型职业农民培育主要做法

（一）项目概况

2014 年 8 月 20 日，由湖南省农村工作办公室、湖南省农业委员会联合召开了"推进全省新型职业农民培育工程"新闻发布会，公布了工程项目的主旨目标：湖南省将培育一批"数量充足、结构合理、素质优良"的新型职业农民队伍，为了解决湖南省农业中"谁来种田""谁来种好田"问题。发布会还确立了之后培育新型职业农民数量目标：2014 年试点，培育新型职业农民 2 万人；2015 年，在总结试点经验基础上，全省全面展开；2017 年，培育新型职业农民 10 万人；2020 年，完成培育新型职业农民 30 万人的目标。截至 2014 年全面培育目标确立之前，湖南省试点数量已达 19 个。按照自愿申报的原则，湖南省职业农民培育对象的类型主要为种粮大户、养殖大户、农机大户及农机合作社四种。经过培育，将颁发由农业部门授予的初级、中级、高级三种新型职业农民认定证书。

（二）培育政策

1. 整体培育政策

针对于新型职业农民，湖南省出台了《关于加快新型职业农民培育的意见》（以下简称《意见》）。《意见》涉及四项扶持政策：一是以土地流转等集聚资源要素为主的农业生产经营扶持政策，鼓励和引导农村土地承包经营权向新型职业农民流转；二是以改善农业基础设施条件和为农产品品牌创建及营销体系建设服务为主的建设项目扶持政策，对农村土地整理、标准农田建设等涉农项目，从项目编制、申报源头上向新型职业农民倾斜①；三是以扩大适度规模和标准化农业生产为主的金融信贷扶持政策，鼓励金融机构创新金融产品，加大对新型职业农民的信贷支持力度；四是鼓励保险机构积极开展服务新型职业农民生产的保险业务，创新保险品种，提高保障水平。

2. 2022 年重点政策

2022 年，湖南省根据中央、省委一号文件精神和农业农村部有关文件要求，制定了《2022 年湖南省高素质农民培育工作实施方案》。全省 14 个市（州）112 个县（市、区）农业农村部门结合省培育方案，根据当地产业发展及培育需求情况，制定高素质农民培育实施方案、课堂教学方案、实训实习方案、跟踪服务协议等规范性文件，开展分层分类培育。

（三）培育模式

湖南省在新型职业农民培育方面取得了显著成绩，这主要取决于培育所采用的"模式"。具体来说，湖南省充分利用了农业广播电视学校、农业职业学校等方面的培育资源，并在此基础上，进行了制度创新，以种植大户为基础，形成了培育农民专业合作社负责人带动社员致富等培育模式。这些年来，通过持续的创新和演化，针对生产经营型职业农民的特征，衍生出以下四种湖南特有的农业企业培育模式。

1. 田间学校培育模式

田间学校培育模式指的是农民在田间经过实践性和试验性的学习来提升自身专业技能，其最大的特点就是将理论和实践相结合，注重实际操作，能够让农民迅速掌握生产相关技能。田间学校的设立以农民自愿为基础，以规范管理

---

① 曹晓玲. 着力建设高素质职业农民队伍［J］. 农业经济，2022（5）：85-87.

和政府支持为原则，在技术支持、上下联运，以及服务产业等条件下进行运作，在此基础上的管理工作由市/县行业管理部门或者农业行政部门来完成，策划工作则由农业技术推广中心负责，同时需要各科研中心、合作机构、行业协会以及行业企业等加入。田间学校既是能够提升农民参与培育意愿和自主性的一个试验性平台，也是提高他们综合素质和综合能力的行之有效的途径。考虑这一点，湖南省农业局呼吁各高等院校承担起培育新型职业农民的工作。

2. "双提双创"培育模式

"双提双创"培育模式旨在提升农村居民的创业素质和文化素质，促进农村居民自主创新、自主创业。这一模式是以农民的四大工程（包括农民职业技能培育工程、农民综合素质提升工程、农村社区管理创新工程和农业生产技术创新工程）为核心建立的，其培育理念是"村民强基、村官提质、村情转化"。这一模式属于高校在社会服务和教育脱贫方面进行的一种新的探索，对于参与的双方来说，属于一种共赢模式。

"双提双创"培育模式在湖南省乡镇试点地区已经开展了三期，从具体实践上看，其最大的特征是：其一，将以往受培育者到指定地点进行培育转变为将培育教师送到农民集中地开展培育活动。因为"双提双创"培育模式的实施重点对象是落后山区的农民，而这一部分农民尽管有意愿成为一名新型职业农民，但是往往受限于交通、资金以及自身的条件，无法到集中培育场所接受培育，所以，将培育教师及相关技术人员送入农村成为其最大的特点。其二，"双提双创"是一种由校方出资，对贫困地区农民进行培育的模式。例如，湖南农业大学为落后山区划拨了专门的培育经费，并为其配备了专门的师资队伍和经营人才。其三，这一模式存在着一定的阶段特征。因为在落后山区，培育新型职业农民活动开展的时间还比较短，因此，农民还无法接受系统且大规模的培育活动，所以，在这些地区进行分阶段培育是很有必要的。

3. 家庭农场培育模式

现代农业有三大新型经营主体，家庭农场是其中一个，其在保障粮食生产、推动现代农业、实现乡村振兴中的影响都很深远。2019年政府工作报告中指出："培育家庭农场、农民合作社等新型经营主体，加强面向小农户的社会化服务，发展多种形式规模经营。"

家庭农场培育模式对于经营者的管理能力有较高要求，因此，在实际的运用中还是存在一定的局限，主要表现在：①家庭农场模式与合作社模式有较多类似之处，难以形成品牌，较易形成竞争；②家庭农场规模小，家庭农场规模在种植或养殖时应当进行科学的规划，不追求过度规模的扩大，否则会带来投资和监管成本的增加；③暂时缺乏技术更新，没有大额资金支持，家庭农场信贷额度和补贴太少。

4. "互联网+教育"培育模式

"互联网+教育"是信息化时代教育的独特体现，这种方式要求我们从教育发展的角度来考虑与之相关的教育问题，如重新建构教育观念、积累教育资源，探讨教育形式的变革，建立高质量的办学体制等。从教育方针看，"互联网+"应该是一种工具理性和价值理性的结合，这种模式需要受培育者有充分的主动性，如果是被动参与，必然达不到很好的效果。从教育的视角来分析网络，我们可以看到，"网络+教育"的培育模式主要具有以下三个特点。第一，自由性。在培育活动开展过程中，教师和受培育者均为活动的主体，他们在这种模式下都能够自由地表达自我思想，且不受时间和形式的限制。这种特点对培育新型职业农民具有重要的影响，使得培育的形式变得更加多样化，农民不受时间和空间的限制，能够随时参加培育活动。第二，独特性。具有独特性的人或观点能够在网络中获得更高的关注，并且能够以极快的速度向更多的地方扩散，尤其是那些富有创意的内容，更容易被人们进行传播和使用，这通常会对受培育者的个性素质产生很大的影响。在培育向培育成果转换过程中，"创新"与"创造"始终是影响培育成效的重要因素，而"互联网+教育"培育模式是解决这一问题的有效途径。第三，平等性。网络平台常常具有民主、健康、自由等特征。这三个特点既是新型职业农民培育制度所追求的，也是新型职业农民所期望的。培育新型职业农民，是要让培育出来的人才具有独特的个性、自由的品格和平等的个性；同时，培养出这样的人才会促使培育部门制定出适合自己的教学战略。

❀ 第三节 湖南新型职业农民培育存在主要问题

一、实施主体角色定位问题

（一）培育对象参与积极性不高

湖南是人口大省，拥有充足的劳动力资源，能够为农业现代化发展提供丰富的人力资源。然而，从现有情况来看，高素质的劳动力所占比例不高，农村青壮年劳动力向城镇转移的较多，农村地区剩余劳动力的年龄普遍偏大，文化水平、综合素质等也都较为低下。这种现状阻碍了农业现代化的进程，对新型职业农民培育提出了挑战[①]。

目前，在湖南省内所开展的新型职业农民培育工作中，接受培育的对象以农业大户为主，针对性很强，但效果不明显，还会降低农民参与培育的积极性。从湖南省农民的整体特征来看，培育工作的目标具有较为明显的不足之处。在目前的发展过程中，针对农业大户进行培育固然可以提高他们各方面的能力，还能提升他们的经济收入，但是，未充分考虑湖南省农村整体人力资源的特征，未对目前潜在的农村劳动力进行全面、高效的开发，如那些中等经营规模的农业经营主体。另外，农业大户的进一步发展也间接地挤压了传统农民及部分中等规模农户的经营空间，使拥有一定规模的传统农民的参与热情下降。怎样才能填补政策倾斜对散户造成的影响而导致的从传统农民到职业农民转型的真空期，将更多接近于新型职业农民基本条件且具有很高发展潜能的传统农民完全融入培育体系中，已成为必须考虑的问题。从目前的农业用地制度来看，仍然是以家庭联产承包责任制为主，这使得规模化经营的农民数量稀少，从而使政府很难作出全面的考量。如果湖南省不把培育的目标定为农业大户，那么需要做的工作量就会变得非常大，而且与新型职业农民培育的根本目标背道而驰，无奈之下，只能选择以点带面的方式，逐步筛选出适合农业生产

[①] 郑海燕，喻宗希，罗错. 新型职业农民培训的"湖南模式"[J]. 农家顾问，2013（7）：56-57.

的农民，以发挥示范带动作用。在这样的实际情况下，忽视了一些具有一定规模经营能力的传统农民，也会影响那些有可能成为新型职业农民的人参加培育的积极性。

此外，农民是否愿意参与培育活动，也会对湖南省职业农民培育工作的顺利开展有所影响。针对于此，著者展开了问卷调研，具体内容如表4-4所示，选择的调研对象为有意愿参与培育活动的农民群体。将影响因素分为七类，以便具体了解哪些因素会对农民参与培育活动的意愿产生影响。

表4-4　湖南省新型职业农民培育统计数据及说明

信息类别	选项	选择人数/人	所占比例
性别	男	176	82.6%
	女	37	17.4%
年龄	17 岁及以下	21	9.8%
	18—30 岁	42	19.7%
	31—45 岁	61	28.6%
	46—55 岁	72	33.8%
	56 岁及以上	17	8.1%
培育类型	生产经营型	135	63.4%
	专业技能型	38	17.8%
	社会服务型	40	18.8%
家庭农业生产月总收入	5000 元及以下	53	24.9%
	5001～10000 元	85	39.9%
	10001～30000 元	48	22.5%
	30001 元及以上	27	12.7%
受教育程度	初中及以下	42	19.7%
	高中	83	38.9%
	中专、技校、职高	22	10.3%
	大专	56	26.2%
	本科及以上	10	4.9%

表4-4(续)

信息类别	选项	选择人数/人	所占比例
农业技术掌握程度	一点儿不熟悉	21	9.9%
	熟悉很少	32	15.0%
	熟悉一些	89	41.8%
	熟悉较多	58	27.2%
	十分熟悉	13	6.10%
市场行情了解程度	不了解	11	5.2%
	了解很少	28	13.1%
	了解一些	45	21.1%
	了解很多	69	32.4%
	十分了解	60	28.2%

结合现阶段湖南省开展新型职业农民培育活动的针对性状况，将生产经营型的新型职业农民作为主要调研对象，通过实证具体分析他们的培育意愿及制约因素。

①调查对象的年龄集中在18—55岁，其中31—55岁的人参与培育的意愿最为强烈。随着年龄增长，参与培育的意愿愈加强烈，反之则下降。

②结合调查结果发现，在湖南省内，受传统观念的影响，在新型职业农民培育方面，男性农民比女性农民参与培育的意愿更为强烈，即使女性农民参与培育，更多的也是替代参与。

③在调查学历对培育意愿的影响时，著者发现，接受学历教育的程度越高，越愿意接受新的知识，参与培育活动的意愿也越强烈。这表明受教育程度对农民参与培育的意愿影响是正向的。

④农民自身掌握了更多的农业技术，和参与培育活动的意愿没有明确的正相关。但是从调查结果来看，掌握农业技术越多的农民，参与培育的意愿越高。

⑤一般来说，农民的家庭收入对农民是否参与培育可能是积极的也可能是消极的。调查结果显示，在选择的调查对象中，家庭收入越高的农民参与培育的意愿越弱。

当前，湖南省农村与全国其他地区类似，已进入高度老龄化阶段，且留守的多为妇女儿童和老年人，他们或没有意愿参与培育，或有意愿但受到年龄、体质等因素影响而无法参与培育。"知识改变命运"的思想让农村的青壮年纷纷离乡，进入城镇务工或生活，农村剩余的人口文化水平都比较低，学习的积极性不高，影响了农民参与培育活动的意愿。从对农业技术的掌握程度来看，农民在把新的农业技术应用到农业生产中并获得利润后，就会愿意参与到新型职业农民的培育活动当中，且参与意愿十分强烈。家庭收入对于农民参与培育活动产生影响，主要是因为收入越高的家庭对农业生产的依赖性越小；但是，家庭收入高的农民参与到培育活动中，更有利于推进新型职业农民培育的发展。通过对这些问题的研究发现，农民参与培育活动意愿的影响因素是多方面的，要想提升农民的参与意愿，就必须立足于本地的现实情况，从根本上调动农民的积极性。

（二）培育对象综合素质偏低

随着农业现代化进程的不断加快，对于生产中农民的综合素质要求越来越高，但实际情况表明，受到各种因素的影响，许多农业从业人员的文化素质、科技素质，以及对现代市场经济与国家相关政策的敏感度等方面都不能达到职业农民的标准。主要体现在以下三个方面。

1. 文化素质偏低

第七次全国人口普查数据显示，湖南省流动人口方向多由农村流向城镇，在流出人口中，适龄劳动人口比例为84.32%，直观地反映了湖南省农业现代化与工业化不对称发展所带来的农村人口流出的情况。其中，流入城镇的人口数比例高达89.7%，而城镇流出人口比例仅为10.3%。而通过分析问卷调查结果发现，样本数据中31—55岁的新型职业农民占62.4%，是湖南省农业生产经营的主力军，但该年龄段群体的文化素质相对较低。

通过上述分析可以看出，湖南省的农村劳动力具有较强的老龄化特征，同时，他们的文化水平比较低，尤其是在以农业为主的人群中，这种现象表现得尤为明显。自身的文化素养较差，使得这一人群的学习能力较差，对新知识、新技术的吸纳与运用较慢。从这一点来看，湖南省在培育新型职业农民方面所要面对的目标对象的质量普遍偏低，因此，培育机构的培育工作将会变得更加困难。而出现农村高素质劳动力向城镇外流的原因主要有两点：其一，目前湖南省的农业现代化水平还比较低，无法为过多的劳动力提供充足的就业岗位。其二，工业化程度在持续地提升，需要大量的劳动力，因此，劳动力由农村流向需要更多劳动力的城市，就变成了一种不可避免的趋势。

2. 科技素质偏低

新型职业农民培育认定标准表明，现代农业机械使用的熟练程度是检验新型职业农民是否合格的标准之一。据了解，湖南省 3600 万农业人口中，每万人口中只有 7.4 名农业科技人员，与全国平均水平存在一定差距。抽样数据显示，12.4% 的人认为应该经常使用农业技术，58.4% 的人认为只会使用一两种农业技术，29.2% 的人认为很少使用。在动植物疫病防治知识和技术方面，13% 的人知道得很清楚，48.1% 的人普遍知道，29.2% 的人不知道，9.7% 的人没有这个意识。以上结果显示，湖南省大多数农民的科技素质不高，也没有太多学习的途径，较难开展现代化的农业工作，只能凭借传统经验进行生产，这些因素导致新型职业农民的转变较为艰难。

3. 政策敏感不强

分析调查结果可知，湖南省农民对现代市场经济和国家农业政策接受较为被动，有宣传、有推广就有所了解，主动了解学习的农民占比较小，仅为 7%。

二、制度执行工作力度问题

（一）培育配套服务有待改进

在调查中了解到，湖南省部分地区在开展新型职业农民培育工作时，"重培育，轻认定管理、政策扶持"的现象较为普遍，导致相关认定政策不完善，相关部门执行不到位，发放证书的时间过长，且后续的技术跟踪服务与扶持政策不能够很好地得到落实。关于新型职业农民的认定，农业部门有专门的规定。《"十三五"全国新型职业农民培育发展规划》中提到：原则上由县级以上（含）人民政府制定认定管理办法，主要认定生产经营型职业农民，以职业素养、教育培训情况、知识技能水平、生产经营规模和生产经营效益等为参考要素，明确认定条件和标准，开展认定工作。有条件的地方可探索建立按初、中、高三个等级开展分级认定。

湖南省近 3 年内参培的新型职业农民数量达到 14.4 万人，获得认证的有37862 人，其中高级 808 人、中级 2065 人、初级 34989 人，很明显，能够获得认证的职业农民仅占全体参与培育人数的 26%，进一步说明认定工作的进度缓慢。

新型职业农民多属于各种新型农业经营的主体，他们以家庭农场和农民合作社为主，因此，政府及各相关部门需要引导他们在经营时多开展创新的形式，同时需控制规模。受思想意识、地方政策、执行效力等方面因素的制约，许多对农业发展有利的政策措施很难得到实施，使得农户在土地流转、产业扶持、财政补贴、金融保险和社会保障等方面无法充分地享受政策所带来的红利。新型职业农民能够享有的创新创业支持政策，以及与城市社保政策的衔接，由于其与社会的各个方面有着错综复杂的关系，因此实施起来有一定的困难，无法快速地落实下去。

随着互联网的迅速发展，电子商务成为当今时代一种较为有效的销售模式，这也是新型职业农民培育的重点内容，如表4-5所示。调查结果显示，农民能够充分利用电子商务平台进行农副产品销售的仅占被调查者的15.5%，同时向专业培训机构寻求帮助的占比仅为13.2%。这充分表明在培育活动结束后，技术跟踪服务做得不够到位。

表4-5　湖南省部分地区销售农副产品渠道和农民寻求帮助情况统计

情　况		所占比例
销售农副产品 的渠道	电子商务平台	15.5%
	村里统一收购	23.4%
	农贸市场	40.3%
	在家等待收购商收购	20.8%
向谁寻求帮助	家人朋友	29.9%
	政府部门、乡镇农技推广站	17.1%
	当地同行业人员	39.8%
	专业培训机构	13.2%

（二）培育质量有待提升

受实际条件限制，湖南省将新型职业农民培育对象的选择限定在粮食大户、养殖大户、农机大户和农机合作社等范围内。这是因为，从某种意义上来说，针对这类人群开展培育活动，在当前的农业形式下，可以满足农民的需要。但是，从长远发展及农业现代化发展的需要来看，还存在许多不足之处。从有关方面的反馈资料来看，目前湖南省能够提供的农业相关技术每年每人仅能掌握1~2种。但实际上，开展新型职业农民培育的目的是与农业现代化的需要相匹配，而不是开展单一的农业教育。这就需要既可以将农业实用技术进行普及，又可以将科技应用在农业中，最后的目的是提升农业生产力。同时需要在非农业领域（如农产品品牌建设、农产品市场营销渠道开发、农产品加工与仓储等）都有涉猎。但在这些层面上，从目前湖南省的新型职业农民培育工作中还没有体现出来，现在更多的还是侧重于与传统农业相关方面的培育。这样的培育已经脱离了现代农业的现实需要，培育的人才素质仍需提高。

湖南省在培育过程中出现供需错位现象，一方面是客观条件所致，另一方面是领导层的固有观念所致。从客观角度来看，湖南省是一个以农业为主的省份，在传统农业知识方面既有着丰富的储备，也有着丰富的经验。然而，作为一个新兴的领域，培育新型职业农民还面临着诸多限制，如建立农业品牌和建立农业营销渠道，都是现代化市场经营的一部分，必须由专业人员来解决，这是以前未涉及的领域，对湖南省来说，是一个巨大的考验。而从主观角度来看，要想将长久以来所形成的传统农业发展理念彻底打碎，将农业现代化与现代化农业区别开来也是非常困难的。长期以来，我国粗放型经济一直是以经济为最核心诉求，所以要在短期内实现扭转，形成全面均衡发展的思路，从认知学角度也需要一个过程。

（三）培育条件有待改善

湖南省虽然在新型职业农民培育方面已经取得了一定的成绩，但在实践活动的开展中，也显现出一些问题，如培育方式单一、现代教育手段运用不够、培育场所的设施简陋、培育基地的建设落后于形势的发展、培育教师的教学水平和实践能力问题造成的培养成效不显著等。具体来说，主要表现在以下两个方面。

（1）湖南省新型职业农民培育的教师队伍的建设并不完善，教师的选聘没有一个完整、合理的制度体系，教师资源库也并未实现共享。另外，具有较高专业水平的专职教师非常缺乏，特别是在与创业指导、经营管理、品牌建设等相关方面存在着较大的空缺，在构建精品课程时，受到了师资力量匮乏的制约，进行培育的结果并不理想。

（2）湖南省新型职业农民培育的基本条件需要改善。培育新型职业农民所需要的示范、实训和创业孵化基地的建设相对落后，而在对于实训具有重要意义的田间学校的建设方面更是进展迟缓。如果开展培育活动的基本条件与培育的要求不一致，那么培育的结果就会大打折扣。教育和培育资源还需要进一步优化。为了保证培育活动的质量，各种类型的教学资源都应有各自的归属。例如，对国家通用文字教材、音视频教材和网络课件等资源的开发都是由农业农村部来进行的，而对于区域性的教学资源则是由省级来管理，对地方特色的教学资源的开发权下放到市、县两级。其目的在于建立一个从国家到地区的教育资源系统，使普遍性教育资源和地方性教育资源相互配合。湖南省在发展新型职业农民培育课程的教材时，往往都是借助高校的力量，然而，由于各个高校之间的教育水平、能力和质量上存在着很大的不同，导致优质教材、精品网络课件等课程资源质量良莠不齐，使培育质量无法得到保证。

（四）培育宣传力度有待加强

近年来，湖南省部分市级政府及相关部门在培育新型职业农民方面开展了一系列实际而又行之有效的工作，积累了许多宝贵的实践经验，培育出一批典型的以现代化农业致富的人才。但是，由于农民本身的文化水平较低，他们参加培育活动的热情并没有达到政府所期望的程度，尤其是那些年纪较大的农民，他们的想法更加顽固，缺乏创新精神，不愿意接受新的东西，他们片面地认为自己在农田里摸爬滚打了一辈子，已经有了丰富的经验，参与培育完全没有任何用处，农业生产完全"靠天吃饭"。

但从目前的实际发展来看，湖南省在培育新型职业农民方面，政府部门多以向下传达上级部门的政策为主，较少利用各类新闻媒介对新型职业农民培育活动的相关政策进行宣传，如果下级相关部门不能及时传递消息，那么就会导致整个区域都没有人知道该政策。在调查过程中我们发现，大部分的一般农民对"新型职业农民"并不十分熟悉，一些农民更是连听都没有听过这一称呼，更不清楚国家对"新型职业农民"培育的支持政策是什么；一些被调查的农民尽管已经意识到"新型职业农民"是现在正在兴起的一个热点问题，但他们并不清楚这一问题的含义，也不清楚这一问题的详细内容；只有很少一部分被调查的农民对这一问题有一定的认识，并清楚国家有关培育工作的支持政策的有关细节。由于他们并不清楚新型职业农民培育的相关情况，也不知道有关的政策，因此，他们不会响应政府的号召去接受培育，当他们在生产过程中遇到困难的时候，一般都会去向自己的朋友或者是对该问题有一定了解的人寻求帮助。

因此，从这个角度来看，政府还需要加大宣传力度，利用各种渠道，如广播电视、报刊、网络媒体等，对在接受培育后享受到福利的典型人物、典型实践，做好宣传，用事实来说服人，让农民从心底对职业培育产生认可，从而增强对新型职业农民培育的认同感。

三、培育对象资源整合问题

培育资源是新型职业农民培育工作合理进行的先决条件，对培育的资源进行高效的整合，不但可以使培育体系得到最大限度的改善，而且可以提高培育的成效。具体来说，可以通过如下方式进行整合。

其一，通过对培育资金的整合，建立多元化的融资方式。要建立起新型职业农民培育的财政投资体系，加强对新型职业农民培育的财务预算管理，确保培育资金的专款专用。与此同时，要把国家对新型职业农民的培育作为一个机会，从项目上获得资金，把本土的新型职业农民培育起来。另外，要充分利用社会面上的资金，推动市场投资主体朝着多元化方向发展，鼓励他们积极参加新型职业农民培育活动，探索以市场为导向的运作方式来培育新型职业农民。让有一技之长的新型职业农民通过参加培育活动得到适当的报酬，如果受培育者以此增加了自身的经济收入，他们将会更加积极地投入到培育和再教育中。

其二，实现师资的共享，共同培育新型职业化农业人才。新型职业农民有生产型、经营型和服务型三种类型，所以，要根据这三种类型的农民，构建一支高素质、能力强、多样化的培育教师队伍。不管是哪一个部门来主导，也不管它所涵盖的是哪一个学科的教育内容，都是由这支队伍来完成，并逐渐达到教师的专业化和共享。

其三，扩大培育的范围，采取多样化的培育方法。要结合本地区的发展特征，科学规划，与时俱进，选择适宜本地农户培育的内容与方法。在农产品种植上，要加大技术指导、风险防范、市场运作管理等方面的力度。要经常举办一些职业农民培育的交流会，让那些表现杰出的农民展示他们在生产经营过程中的好想法和好做法，让大家一起分享他们的经验，从而提高新型职业农民的社会影响力，并能在农户间建立"一对一"的帮扶战略，以保证培育效果。

其四，共享培育基地，注重实践操作。因为职业农民培育更多的是理论性知识的传授，但是，在实际的种植和管理过程中，会出现一些理论和现实相矛盾的现象，所以，应该健全培育基地共享机制，让新型职业农民既有理论上的收获，又有实际操作上的进步。

四、运行机制内在动力问题

（一）培育体系有待健全

因为农村所处的环境与城镇相比具有特殊性，加上农民的数量众多，所以他们的需要也千差万别，这就导致在新型职业农民培育的时间、地点、内容和方法等方面都不能充分满足他们的现实需要。要使湖南省的农业朝着更加现代化方向发展，不仅要有一定的外在支撑，而且需要农民自身具备一定的科技素质，以及能够灵活创新生产过程的能力。为了达成这一目标，有针对性地开展培育活动是必要的。调查结果显示，湖南省现有的培育活动缺乏针对性，有的培育资源缺乏与农户需求的紧密结合，导致培育资源的可操作性不强，影响了农民参与培育活动的积极性。在培育对象方面，负责培育的机构往往不考虑培育对象的年龄、性别、学历等因素之间的差异性，而采用相同的培育方式，使得农民的接受程度较低。在培育内容方面，负责培育工作的部门在制定培育内容的时候，大多是在接到了国家的政策文件之后，按照惯例开设单一的培育课程。教学内容不够灵活，实用性不强，不符合湖南省的农业生产现状，也不符合培育对象的真实需求，更多的是"泛泛之谈"。此外，缺乏对培育的后续引导和调研工作，导致培育结果没有得到拓展和延伸，培育的总体成效并不显著。在培育经费投入方面，尽管近年来湖南省一直在增加培育经费，但总体上与实际需要相去甚远，从抽样调查结果来看，51%的受访者认为培育量不够。培育资金主要由国家提供，但实际所需资金数额较大，缺乏多元化的资金来源，一些培育机构在没有资金支撑的情况下，为了能够完成对学生的培育，就会选择向受培育者收取少量的培育费用来确保培养工作的正常进行，这无疑会严重地打击一些农民的学习热情。

（二）培育环境有待优化

结合现有调查情况和发展状况来看，湖南省新型职业农民的培育环境还有待优化，具体表现在以下两个方面。

过去几十年里，城镇有着更多的发展机遇、更好的生活环境和更好的社会保障，所以，很多农民都渴望着在城镇过上更好的生活，近年来，越来越多的农村劳动力进入了城镇。由于受到二元经济结构的限制，湖南省的农村与城镇相比，在许多方面都存在着较大的差异。因此，很多人都更愿意到城镇居住，等他们的经济状况有所好转且有足够的资金能够购入房产后，就会选择在城镇安家落户，这就导致农村的人口大量减少。而从城镇居民的角度来看，往往会因为农村环境不佳及一些不良的生活习惯等而不愿意去建设农村，导致农村对那些有才华的人没有任何的吸引力，使得农村严重缺乏高素质的综合型人才，这种具有一定素质的人才外流而又无法吸引外界人才的现象逐渐变得越来越严重。此外，城乡二元经济结构也导致很多农村剩余劳动力无法到城镇去实现自己的价值，只能留在村里混日子，从而导致人力资源的极大浪费，无法为湖南省培育出一批新型职业农民提供人力资源，也严重制约了农村的经济发展。

其一，农村居民的社会地位有待提高。在中国传统的社会制度体系中，"士农工商"是古代人根据各自的职业对社会做出的不同贡献而划分出来的等级体系。例如，在湖南省内，城镇人口人均消费比农村人口高出 2.3 倍，因此，农民渴望拥有一个既有稳定的收入，又方便学习和生活的地方。很多农民都希望能够进城，而很多农村的学生也都在拼命地读书，希望能够在城里找到工作。这些现象表明，很多农民不愿意接受农业方面的培育，也不愿意一辈子在农村工作，从而制约着湖南省新型职业农民的成长和发展，也制约着湖南省农村的现代化进程。

其二，土地流转的规模化程度需要进一步提升。土地问题是农民最大的生计问题，关系到他们的根本利益。土地使用权流转的实质是针对农民土地使用权利的一种调整。推进农村土地使用权有序流转，根本立足点就是要充分保障农民的自身权益。著者通过全国及各省（自治区、直辖市）的土地流转网站统计出，在随机挑选的 9 个地区中，湖南省的土地流转面积为占比排在第 8 名，仅领先了吉林省，与第一名江苏省的 58.4% 的流转面积还存在较大的差距。

（三）培育监管有待提高

湖南省目前主要以农业大户为培育对象的培育方式导致培育资源分散，且在培育资源的供应方面，通过政府的管理很难做到持续更新。这也导致很多问题的出现，尤其是在培育的系统性监管方面。依托农业大户所建立的培育基地、所开展的培育内容往往会受到规模的限制。此外，此类培育基地属于民间场所，并不具备正规性，缺乏完善的考核机制，即使能够制定完善的考核机制，但是实施起来还是比较困难的，最终的后果就是，培育教师失去了职责意识和竞争意识，使得培育的品质很难得到保障。

第五章 完善湖南新型职业农民培育体系对策建议

❀ 第一节 服务乡村振兴战略培育新型职业农民关键环节

一、优化培育体制机制

（一）健全培育质量机制

1. 实现协调管理

新型职业农民培育是一个系统性很强的工程，要保证培育质量，必须明确责任，调动各方的积极性，使其真正发挥作用。湖南省政府是新型职业农民培育的倡导者，需意识到自己在培育新型职业农民过程中的领导作用，从顶层对培育工作进行有效且理性的规划。

第一，要明确当前所构建的新型职业农民培育模式的理念，要明确自身主导的范围，是完全负责所有的培育工作还是需要一些社会性组织加入培育工作中共同助力培育工作的顺利开展①。如果培育模式的理念是以培育农民终身学习能力为主，那么需从当下开始对自己的主导作用进行综合剖析，先建立起最上层的主体，再逐步往下建立起错综复杂的联系。若培育模式的理念只是着力于解决我国农业现代化的问题，则可以把培育的教育工作交给教育机构，或是交给自己的下属部门来完成，把技能培育交给授权单位或一些拥有实力的农业

---

① 张水玲. 基于农民需求的新型职业农民精准教育培训研究 [J]. 成人教育，2017，37（5）：40-43.

大户来完成。

第二，要加强政策的制定和执行。从国家层面来讲，新型职业农民培育具有极强的公益性质。从地方角度来看，湖南省要在规范培育工作的流程与程序的基础上，通过政策规范，从遴选对象、设置培育内容、基金管理、培育激励的奖惩措施一直到监督反馈等环节，建立健全制度保证及相应的政策。同时，从地方特色出发，在符合国家制定的整体政策前提下，对地方政府的相关政策进行相应的完善，以使培育政策更具有针对性，从而提升培育工作的效果。湖南省政府可以从立法的角度对其进行规范，并对法定的责任主体和个人违反培育工作政策所要承担的法律后果作出明确的规定，从而推动培育的法治化进程。同时，要发挥湖南省政府在培育新型职业农民方面的整体优势，全面掌握区域差别化的特色，结合当地实际情况，科学考量湖南省农民整体素质、农民对培育的需求、产业发展状况等因素。随着时代的发展，要根据湖南省省情，制定出一套更适合于湖南当地的政策，让培育新型职业农民的工作走上科学化的轨道。

第三，健全协同管理的体制。目前，湖南省大部分区域内的新型职业农民培育工作仍然是以政府为主导。作为培育工作的牵头人，政府要从整体上强化对培育工作的组织、管理和指导作用。对农业、财政、教育等相关职能部门进行统筹，构建一种全面、全过程、分工明确的协同管理机制，防止在培育工作进行过程中出现职责不明确、"走过场"等问题，让各个部门相互配合，并能够有效地衔接，达到"1+1>2"的效果。构建联席会议制度，并经常组织召开有关部门会议，对培育工作的具体状况进行报告并讨论，还要对下一阶段的计划进行完善。

2. 扩大政策范围

（1）生产经营扶持政策。在农业发展方式转型的同时，要鼓励新型职业农民建立新型经营主体，优化农业产业结构，使农业的多种功能得到充分的发挥。新型职业农民对农业的承包经营权越来越多样化，农业生产经营方式也在不断创新。对新型职业农民购置的附属设备、配套设备和生产设备等需要按照农业标准进行管理。

（2）技术服务扶持政策。继续深化对新型职业农民的培育，并逐渐形成一套长效的培育体系。在此基础上，构建"专家+农技人员+新农技人员+一般农户"的"结对帮扶"体系。根据基层现状开展农技推广和项目建设，使所制订项目更倾向于新型职业农民，使一批符合要求的职业农民成为技术示范专业农户或者技术小组的一员，将其试验示范及辐射带动功能更好地发挥出来，引导职业农民主动推动产业持续发展。

（3）产业发展扶持政策。在制定农机补贴政策及初加工设施补助政策等时候，将新型职业农民作为最重要的受惠主体进行考虑。要鼓励并指导新型职业农民生产无公害产品、注册商标，以及绿色食品认证等行为，从而创造出自己的特色品牌。帮助新型职业农民建立并拓展自己的农产品营销市场，在一二线城市中开设多个农产品营销店铺；同时，与各大超市及农业高校开展紧密合作。

（4）基础设施扶持政策。新型职业农民在生产经营时，涉农部门应当对各类农业基础设施建设项目给予一定的政策支持。新型职业农民具有"优先利用"基础设施的权利和保护基础设施的义务。为满足新型职业农民对生产规模化的需求，统一建设农机棚、晾晒场等基础设施，允许符合条件的新型职业农民将农业生产道路与农村公路进行合理连接。在建设新的优势农产品生产基地和种植基地等方面，应该为新型职业农民赋予优先使用的权利。

（二）健全培育管理机制

从我国整体来讲，新型职业农民的培育工作与发达国家相比开展得比较晚，相应的管理条例、管理方式尚未健全，这就造成了我国在新型职业农民培育工作管理方面存在着一些不合理、不规范的地方。因此，要加强管理的科学性，必须提高管理实施细则、管理的分工、职位权力等规范的明晰性，建立科学的管理流程体系，采用更加科学化和制度化的管理方式。

第一，建立一套科学、规范的评价与管理体系。湖南省应当在建立受培育者数据库和培育资料档案的同时，对受培育者的培育时间、接受培育次数、培育内容、考核结果等进行全面的分析，并对受培育者的类型和资质进行详细划分。同时，针对全省各地的行业特点和农民的总体素质，制定相应的评价标准和方案，对其进行相应的改进，并制定法规，增强权威性。将评价与动态管理相结合，实行长效追踪评估。对已通过考核的新型职业农民进行经常性的考核，培育他们终身学习的能力，促使他们的综合素质不断提升。对于通过考核的人群，还应建立相应的信息库，并做好及时跟进；对于未通过考核的人群，可以采用"回炉重造"或者清退的办法进行再教育或筛选。

第二，建立以政府为主、多方协同的新型职业农民培育品质监管与保障机制。要保证培育工作的质量，必须建立一套科学且行之有效的培育质量监督体系。首先，要建立起一套完整的责任体系，强化各个实施主体的责任感，确保职责和工作得到有效的贯彻，在开展培育工作时，避免因马虎大意而影响培育效果。各培育单位应强化在培育工作开展过程中的自律管理，健全培育品质监督评价机制，以保证培育工作的顺利进行。其次，要保证公众举报渠道的通畅，使受培育者能够真实地反映培育过程中遇到的问题，从而保证监督的具体执行。与此同时，可以引入第三方监督机构，对各地区各级新型职业农民培育工作进行拉网式的监督和评价。对各培育主体的投入和产出及受培育者在接受培育后的收入、技能收获等进行调研和监督，对在培育过程中出现的指标造假、虚报人数等骗取补贴的行为要严格上报并严肃处理，以保证监管的公平公正，减轻国家对新型职业农民培育的压力，提升培育的品质，保证培育工作的有效开展。

第三，要构建完善的培育评价机制，形成一套科学的长期的评价体系。培育活动的结束并不代表培育工作的终结，应当根据湖南省的具体情况，创造性地构建培育工作的业绩评价制度。因为在具体的培育工作开展中，涉及相当多的参与主体，他们都属于评价对象，所以在建立评价机制时，应搜集所有参与主体的资料，运用多种评价手段，从评价对象的价值观、培育程序等角度来确定评价的主要内容，提高评价制度的可操作性。通过建立一种科学、合理的业绩评价机制，对培育活动中各个参与主体的实际需要进行全面的调研，对培育中存在的问题进行全面的认识①，为解决培育过程中存在的问题提供更多的依据，使之形成长期有效的机制。

（三）健全资金保障机制

1. 吸引多元资金注入

湖南省政府是新型职业农民培育的引领人，需要负责培育工作的统筹规划，而任何活动的开展都离不开资金的支持。在新型职业农民培育方面，仅仅依靠中央下拨的资金是无法全面满足培育需求的，资金不足将严重影响培育效果。因此，在资金规划方面，在以政府拨款为主的同时，需要增加其他渠道的资金来源。对于政府下拨的专项资金，建立专用账户，通过物质奖励、税收优

---

① 张贵秋，王海倩. 吉林省农业现代化建设的金融支持研究［J］. 广东蚕业，2022, 56（11）：81-83.

惠、财政补助等方式，将政府的专项资金进行整合，给予受培育者政策方面的支持。同时，面向社会层面广泛地吸引相关渠道的资金，如教育、金融、农业贸易等。此外，还可以参考西方国家的基金化运营模式，将政府、企业等主体投入的专项资金交给专业机构来管理，为投资者提供多样化的资金保障机制。

2. 优化资金扶持政策

经济基础决定上层建筑，搭建多元的资金筹措体系，完善资金管理制度，有利于推动新型职业农民的发展①。在实施乡村振兴战略背景下，为促进新型职业农民培育工作的迅速开展，培育更多服务于乡村振兴的人才，湖南省应该构建以政府主导，多方合作的资金保障体系，健全培育资金的管理制度。

其一，建立专门的培育基金，保证培育经费"专款专用"。确保有足够的资金来开展持续的、高质量的新型职业农民培育工作，有足够的资金来改进新型职业农民培育的教材、课件、器材，改善教学场地及其他硬件条件。

其二，加大对参加培育人员的补助力度，并加强对培育项目的资金支持力度。例如，给予返乡参加新型职业农民培育的农民一定的资金奖励，并为开展和从事农业生产相关工作与农业创业的新型职业农民提供启动资金支持。对在培育过程中表现突出的受培育者，给予自立项目经费等方面的补助。对在工作中有比较好的成绩的项目或新型职业农民，给予荣誉称号和资金奖励，以此来持续提升新型职业农民的福利待遇，持续鼓励更多的人参与到新型职业农民培育中，让新型职业农民变成令人艳羡的职业，进而推动我国农业现代化发展。

其三，通过加强信用担保、简化贷款程序等方式，进一步推进农业信贷手续的改革。指导金融机构以新型职业农民及其组建的新农业经营主体为中心，对金融信贷产品进行创新，增加信用额度，简化贷款程序，减少贷款费用。积极探索利用新型职业农民的住房、土地经营权和林权作为抵押担保的信贷项目。推动大型农机具应用、承包土地面积内产出总量或水产品养殖总量、农业设施估值活动，对农作物生产过程中的流动资金开展信贷融资。鼓励有经济能力的专业合作社成立资金互助会，让更多的新型职业农民在从事农业生产和经营活动中获得更多的信用支持。激励保险公司进行主动的创新来抵御潜在的市场风险和自然损失，为拓展新型农户的农业保险服务，增加保险的覆盖面及政府的保费补助。

---

① 徐辉，孔令成，张明如. 新型职业农民农业生产效率的三阶段 DEA 分析 [J]. 华东经济管理，2018，32（8）：177-184.

3. 促进资源有效整合

通过构建科学的培育经费配置机制和分类扶持机制，实现培育资源的高效整合。建立健全的评价与监管机制，对培育过程中各个阶段、各个职能部门实行评分，将评分结果与考核相融合。将其与资金配置相结合，既可防止资源的浪费，又可在某种程度上起到激励作用。针对不同类别的培育资源，制定相应的扶持措施，实现最大限度地发挥资源的最大效益。具体而言，可以从三个方面进行考量。其一，针对新型职业农民的三种类型，设计精准的扶持策略。例如，生产型新型职业农民更愿意选择贷款优惠政策，而技能型新型职业农民更需要技术支持。其二，将本地新型职业农民的资料进行分类，建立一个新型职业农民资料统计系统，利用信息化的大数据技术，对农民的真实需要进行分析，为制定支持政策提供基础。其三，灵活扶持。从实际情况来看，不同类别的职业农民对农业保险、贷款、土地支持等方面有不同的需求，因此，可以按照不同的类别和产业，制定出具有针对性的政策，让新型职业农民能够在特定的情况下，自主地进行适当的调整。

二、拓展产业支撑平台

（一）促进产业与培育融合发展

产业是培育新型职业农民的一个重要的载体与平台，发展农业产业，为农民创造一种良好的创业与就业的环境，让他们具备一定的产业基础与资金，有利于改善农业生产经营的生态环境，提高农业生产经营的积极性。同时，可以在农村劳动力中进行人力资本投入，以持续地提高农户的收入水平，进而形成由"培育农户"到"发展产业"的良性循环。为此，必须把发展产业作为切入点和归宿，建立起有利于发展产业的支持体系，把培育新型职业农民纳入整个农业生产和产业发展中，扩大培育新型职业农民的空间。在产业融合发展过程中，要立足于农业生产，强化对农业园区的专业化、精细化管理，将农业生产与再生产的产前与产中有机地结合起来。在整个生产流程中，增环补链，前延伸，后延伸，扩大加深，形成一条完善的产业链。通过"互联网+"方式，实现农产品的生产、加工、销售和信息的一体化。将物联网和互联网服务等结合起来，让农村的一二三产业相互结合，形成集群发展，成为一股强大的力量，为农户搭建一个生产、创业和实训实习的广阔平台。

（二）基于资源优势培育新动能

新型职业农民培育工作需要根据湖南省地域资源和产业发展的需要，以市场为主导，通过新动力的培育，拓宽培育新型职业农民的支持平台。例如，当前的消费市场对于畜牧业和食品产业的需求较大，在省内这类资源较为发达的区域，应坚持以消费者为中心，以自身的资源优势为基础，创造出农业新模式、新业态，为培育新型职业农民创造一个更广阔的平台。利用现代互联网、大数据等先进信息技术，开发"互联网+"农业新技术，构建高品质、高效率的绿色农业，促进先进设施设备、种养技术、大数据等功能的有效整合，促进产业与技术的信息化、智能化的融合。大力推广和宣传当地的种植、养殖等技术，创建地域性品牌，开辟多种农产品销售途径，并与网络购物平台进行联合，对新型职业农民进行相关特色产业的培育，推进"产销"一体化的经营方式。采取"合作社+龙头企业+农户"的创新方式，使各种不同的经营主体进行深度整合。拓宽农民的收益空间，激发农民的新技能和新知识，增强农民参与培育活动的积极性。同时，依托区域特有的自然资源与生态条件，大力发展农业与旅游、体育、文化等产业。在此基础上，结合当地实际，大力发展具有当地特色的优势产业。打造产业融合示范园区、生态农业主题公园等，构建农产品电商网站等现代农业的社会化综合服务主体。以湖南省特色农业、农业观光和其他行业为依托，按照规模化和特色化的要求，建设度假村、观光农场、农家乐、农村旅馆等，推动农村旅游住宿等产业的发展，让生态优势为农民增加财富开辟新的通道，为新型职业农民培育提供新动能。

三、构建利益激励机制

（一）促进家庭农场模式发展

从提高农民收入的角度来看，家庭农场是一种模式上的跨越，它还能够为新型职业农民的发展提供一个基础单位。因此，湖南省应加快家庭农场的发展，提高其集约化、规模化和标准化水平，并强化其与市场的对接。家庭农场是培育新型职业农民的核心和载体，既是其主要来源地，又是其初期发展的一种可选择模式。家庭农场必须有一定的规模，如此，其生产才能与小农户区分开来，并形成一定的规模效应，进而对新型职业农民产生吸引力。但家庭农场的规模也不宜过大，如果超过一定规模，会导致成本增加、管理难度加大等，反而会导致经济效益降低。

（二）促进农民专业合作社发展

随着我国农业产业化程度的提高，湖南省的农村与全国其他农村一样，由政府认证、农民自发组织起来的农民专业合作社迅速发展起来，农民专业合作社打破了个体生产经营者和家庭农场主在生产经营中面临的种种阻碍，成为农民互助合作的新型模式，对资源整合、市场意识增强、农业经营风险降低起到了积极的促进作用。依托这种合作模式，能够促进新型职业农民之间的交流和互帮互助，还可以让他们更好地参与经营实践，这对于提升他们的整体素质有着非常重要的作用。与此同时，农民专业合作社要强化自己的经营，对合作方式进行创新，拓宽农业专业合作社的覆盖面，为新型职业农民的发展增添更多的载体和活力。

（三）推进现代农业园区建设

要想让农业健康、有效地发展，必须有一个集约化的产品集聚，而现代农业园区为此提供了一个良好的平台。现代农业园区将信息、科技和市场融为一体，在推动农业现代化发展方面具有非常关键的作用。现代农业园区将相关的农业企业聚集在一起，形成了一个标准化的园区，既能推动龙头企业的发展，又能为中小企业的发展提供机遇，有着非常强大的引导和示范效应。在与现代农场的交往、合作和互动中，新型职业农民会受到启发、培育、引导和带动，从而使他们的眼界越来越宽，自身的素养越来越高，能力越来越强，逐渐扩大经营范围，为他们创造更多的经济利益。这不仅能让新型职业农民增加收入，而且能够使他们的生产和生活环境得到改善。湖南省政府可以在现代农业园区的基础上，对新型职业农民进行培育，如此，就能够充分利用现代农业园区的人才、技术、企业集中的优势，促进新型职业农民的成长。

（四）推进农业龙头企业发展

随着我国"互联网+"模式在农村地区的广泛应用，越来越多的企业认识到农村市场的巨大潜力，尤其是近年来，电商已经在农村地区迅速发展，物流运输非常方便，这为农业龙头企业发展提供了根本保证。农业龙头企业扎根在农村，依托于农民进行发展，这为新型职业农民发挥作用提供了良好的环境，更加有利于企业与农民之间的交流互动。一方面，对企业的健康、快速发展起到了积极的作用；另一方面，可以促进新型职业农民朝着专业化、规范化、标准化方向发展。近年来，无论是农业龙头企业的经营规模，还是经营水平，都有了很大的提高。可以说，农业龙头企业对新型职业农民的影响变得越来越大。农业龙头企业将自身利益与农民利益联系起来，如采取为农民的信贷做担保、为农产品设立最低收购保护价等方式，这在很大程度上解决了农民贷款难、生产经营风险高的问题，最大限度地保护了农民的切身利益。基于此，湖南省政府可以大力推进农业龙头企业的发展，为新型职业农民培育提供更便利的条件。

（五）推进新型农业社会化服务组织发展

作为农业社会化的结果，新型农业社会化服务组织可以推动农业生产朝着专业化、市场化和社会化的方向发展，从而减少农民的运营风险，成为农业生产的保证，其发展过程是将各种现代生产要素与农民的家庭经营进行高效的融合。将传统农业中一家一户的分散生产经营转变为千家万户互相联结的合作生产经营模式，以达到市场要求的规模，所以，推动这类新的农村社会服务机构的兴起与发展，对于推动我国农村经济的健康、可持续发展，破解目前制约我国农村经济发展的瓶颈具有重要意义。与此同时，在新型职业农民成长中，在保证农业生产的前提下，可以为农民提供更好的服务，从而推动农民的持续成长，最终成为新型职业农民。

❁ 第二节　服务乡村振兴战略培育新型职业农民实践原则

一、统筹规划、部门协同原则

培育新型职业农民是一项公益性和基础性的社会事业，因为受短期效益不显著、传统农民的认知还不完整等因素的影响，仅靠市场调控难以取得成效。为此，在培育过程中发挥湖南省政府的主导作用，是提高湖南省内新型职业农民培育成效的前提。要善于实施具有全局性、战略性的各类新型职业农民培育工程，将政府部门在经费投入主体和运作行政主导方面的功能充分发挥出来。在培育工作开始前，对培育活动进行系统设计、整体规划，并制定出具体的实施方案，对地方培育新型职业农民的整体思想和工作重点进行详细的阐述，对整个地区的培育工作进行全面的规划，确保培育工作有条不紊地进行，发挥出培育新型职业农民的广泛覆盖和快速的外源供给作用。对此，湖南省政府要进一步增强全局观念、责任观念，逐步形成以政府为主、以农业为主的局面，协调财政、教育、税务等各级相关部门，形成紧密协作的工作格局。湖南省可以把全省7个大型农业技术与科研中心的建立与培育新型职业农民有机地联系起来，从而更好地显示出新型职业农民的远见卓识和先进意识。

二、精准培育、对接需求原则

培育新型职业农民，既是为了解决"何人种地""怎样种地"这一实际问题，又是为了培育中国未来农业可持续发展的接班人。然而，在新型职业农民培育方面，目前湖南省还处在从试验到普及的过渡阶段，尚需进一步完善特色的培育制度。但是，从现有成果中我们也能够清楚地看出，新型职业农民群体在现代农业中的引领作用和带动作用已凸显出来，精准培育与需求对接是重点。要针对不同的产业与服务类型，制定培育目标、课程、标准，特别要明确培育的课时和评价要求等，通过精细化培育，夯实培育基础；出台相应的扶持措施，使培育工作更加精准、科学。在选取培育目标时，要突出科学的特点，按照产业、类型、层级和模块，实行差异化培育，加强规范的管理和追踪服务，让接受培育的职业农民成为现代化农业的骨干力量。

首先，要挑选合适的培育对象。在开展新型职业农民培育工作过程中，各个试点地区对于培育对象的挑选是具有较强针对性的，它们将促进本地优势产业的发展作为首要原则，选择符合条件、自愿且有需要的农民参与培育活动。以上海市为例，其在选择培育对象时，以发展现代化农业城市为原则，有针对性地选择具有较高文化素质的年轻农场主，以利于农业的创业创新发展。湖南省可以进一步学习其经验，使培育对象的选择更具有针对性。

其次，对培育内容进行精准设计。新型职业农民是一种现代职业，它的内部有着清晰的分工，按照新型职业农民的工作属性，可以将其划分为三种不同的类别：生产经营型、专业技能型和社会服务型；根据其发展程度和专业技术人员的职务头衔，可分为三类：初级、中级、高级；从其来源的角度看，又可划分为"老农""新农""知农"。所以，要想提升培育工作的效率和针对性，在培育活动开展过程中，要始终遵循全程、分层、分类的原则，将不同类型、不同级别的培养对象的从业特征、能力、质量要求进行全面的考量，并对培育内容进行精心设计。

最后，对培育方式进行精确选择。在提高培育的时效性方面，各地都在积极地研究和探索新的培育方式，在培育过程中把理论课和实习培养有机地联系起来，并在培育过程中注意农业生产的季节特点及培育目标的特殊性，推进空中课堂、固定课堂、流动课堂以及田间课堂的整合。从这一点来看，湖南省可以充分结合农业生产的特征，选择适合的培育方式。

三、整合资源、多方参与原则

通过各个试点地区培育新型职业农民的实践与探索可以发现，要想提高培育效果，必须发挥"一主多元"培育机制的支撑功能。各地一直都非常注重对各类培育资源的整合，建立并健全以公益性农民教育培育专门机构为主体、多方机关和市场主体广泛参与的新型职业农民教育培育体系。将各级涉农院校、农业科研院所作为培育主体，积极推动农民专业合作社、农业企业在内的各种市场主体的积极参加，持续健全各种激励和制约机制，鼓励市场主体建立起自己的示范基地和田间学校等实践教学场地。既满足了新型职业农民多层次、多形式、广覆盖、经常性、制度化的教育培育需求[1]，也壮大了培育力量，夯实了培育基础。湖南省可以学习试点地区的经验，整合资源，以多方参与为原则，进一步深化开展新型职业农民培育工作。

四、规范管理、政策扶持原则

目前，我国各地政府正逐步意识到，新型职业农民认定管理工作具有十分重要和复杂的意义，要将其作为培育新型职业农民的基本保证，并制定出一套行之有效的认定管理方法，这是加强和提高新型职业农民培育制度的一项重要工作。湖南省在具体的管理方面，对已经完成认定的新型职业农民进行动态管

---

① 农业部办公厅关于新型职业农民培育试点工作的指导意见［J］.农民科技培训，2013（8）：10-11.

理的同时，建立动态管理的评价制度及退出制度；对经过鉴定的新型职业农民进行追踪和技术支持，特别是在荣誉、项目、保障和资金等政策的制定上，都要向其倾斜，从而调动他们从事农业工作的积极性。

其一，经过了严格的认证过程，并取得了由农业部门签发的新型职业农民资格证的农民，不但能够具备相应的专业技能，而且能够得到更多人的认可与尊敬。同时，能够提高自己对职业的认同度，这有助于提高新型职业农民的吸引力。

其二，加大政策支持力度。在现行的强农和惠农政策下，中央加大了对新型职业农民的扶持力度，加大了对创业、科技和金融等方面的支持力度，在对社会保障和行业支持的政策上，已经做好了顶层设计。湖南省政府需结合省内的实际情况，积极制定多种较为公正、强大的配套和服务政策，为新型职业农民的后续发展提供有力的保障，在提高自身发展能力的同时，激发其参加培育的积极性。

此外，以动态的方式开展管理工作，以多样的评估方式对获得新型职业农民资格证的新型职业农民进行考核，并建立健全退出机制，一旦发现不符合规定的行为，立刻强制退出，避免对资源造成浪费。

🍀 第三节　服务乡村振兴战略培育新型职业农民实践路径

一、明确实施主体角色定位

（一）提升农民对职业化认知水平

大力推进乡村振兴战略的实施，必然会大大促进我国农业和农村现代化的发展。但是，受到传统思想的影响，再加上人们对新型职业农民培育、农业优惠政策等有关内容的理解存在不足，使得目前的农民对于新型职业农民培育的热情和积极性都比较低。为了对新型职业农民培育进行有效的宣传，对农民进行有效的培育，首先要做的工作就是打通并扩大农民获取信息的渠道，让广大农民能够对相关政策和自身的主体性地位进行正确的认识，进而激发他们的参与热情。

1. 强化村民委员会宣传组织能力

村民委员会作为一个由人民群众投票选出的群众自治机构，是保障农村社会稳定、实现农村高效管理的最好载体，且村委会是连接"三农"政策提供与落实的"最后一公里"，肩负着与群众面对面的宣传工作。其宣传工作是否做到位，宣传的职能能否充分发挥，将直接关系到政策落实的效果。所以，加强村委会的宣传组织能力，可以帮助农民及相关人员正确理解国家发布的政策的内涵，改变他们的传统观念，让他们更加深入地了解自己在乡村振兴大局中的主体地位。要对新型职业农民的价值和前景进行更广泛、更系统的宣传，通过分析新型职业农民与传统农民的不同之处，从价值的角度来揭示并宣传新型职业农民的专业性、职业性和美好的前景等，让广大人民群众对新型职业农民有一个更清晰的了解和认知，进而激励他们参与到新型职业农民的培育中，参加到农业现代化建设的伟大工程中。

湖南省各村的村委会对与新型职业农民有关的宣传要规范化、常态化。其一，村委会成员要起到表率作用。在开展培育工作的宣传前，村委会成员需带头做好表率，积极参与上级组织的相关宣传活动，自己先把相关政策理解透彻，才能够更有底气去向村民宣讲。其二，突出宣传内容的易懂性。因为多数农村居民的年龄偏大，而且受教育程度低，所以他们的理解能力有限。因此，在开展宣传和动员活动时，要避免死板地传达政策文件和上级的指令，要用"方言"等村民易听懂易接受的方式，把新型职业农民培育的相关政策、内涵和好处等向村民说清楚，让他们对新型职业农民培育有正确的理解。其三，宣传和动员要看成效。这是一种预防宣传流于表面形式和检验宣传效果的手段。负责部门可以制定相应的考核机制，以个人或组织为考核对象，对其工作效果进行检验。具体实施时，可以与当地的实际情况相结合，用奖励和惩罚的方式来促使村委会顺利地完成宣传动员工作。其四，加大宣传力度。宣传动员工作就像培育工作一样，不是一朝一夕能完成，因此，负责宣传工作的村委会也需要将与新型职业农民培育相关的宣传工作作为一种日常性的工作来对待。

2. 加强信息平台多元化建设

"新型职业农民培育的首要任务就是疏通和拓宽农民的信息渠道。"[①] 例如，报纸、电视、广播等类型的传统媒体，无论是在信息的时效性还是对信息

---

① 王玉东. 乡村振兴进程中新型职业农民培育成效提升研究 ［D］. 福州：福建师范大学，2019.

的深入了解方面，都存在着不足之处。因此，急需借助于更加快捷的信息传播手段来对传统媒体进行补充，以此引导农民更加迅速地获取国家发布的与新型职业农民培育有关的最新政策，从而引导农民正确认识新型职业农民及培育工作。由此来说，构建一个多样化的信息平台是非常必要的。

由于农民普遍受教育程度不高，在当前的信息时代，人们获取信息的渠道有所增多，但是在调查过程中我们也看到，目前，农民使用智能网络技术的情况较差，获得的信息渠道狭窄，掌握的信息不多，并且不够及时。由此可见，构建一个更为开放的信息平台是非常必要的。

其一，建立一个更为公开的信息传播平台。要建设与新型职业农民培育相关的基础设施，为培育新型职业农民创造良好的物质基础和条件，如新型职业农民培育的场地、互联网设备、教具、教材和农业科技成果的陈列和应用等。目前，在我国仍然有相当一部分的农民，尤其是中老年人，他们对互联网技术和智能产品的运用能力都比较差，因此，传统媒体就成为他们获取信息和知识的重要渠道。但是，在信息时代快速更新的情况下，传统媒体所提供的信息和知识都呈现出一定的滞后性、碎片化等特点。在脱贫攻坚和乡村振兴的有力推动之下，近年来，农村网络建设、互联网智能手机等媒体平台的建设不断完善，网络的使用频率也大大增加，智能手机更是成为人手必备的一种通信工具，它们在为农民提供便利的同时，提高了农民对信息的获取水平，这为开拓更多的信息传播渠道奠定了良好的基础。以互联网、智能手机等新媒体为基础，开拓更多的信息获得途径，让农民能够逐渐增强自己的学习意识和学习能力，从而提升农民的文化素养。然而，农民对新奇事物的接受能力比较差，科技应用水平普遍比较低，主动搜寻信息的能力就比较差，常常只能够进行简单的网页浏览，或被动地接受推送的信息，而无法进行更深度、更全面的信息搜索。而且，他们很难分辨出信息的真伪，容易被蒙蔽。所以，要对新型职业农民进行科学的指导，并对其进行相应的政策宣传，要利用新媒体、新技术、新手段，增加他们对新型职业农民的了解。例如，现在应用率和普及率较高的微信、抖音、快手等平台，具有高效性、娱乐性和便捷性，且十分亲民、操作难度小。湖南省相关部门可以充分借助这些平台对新型职业农民培育进行大力宣传，并形成有利于培育新型职业农民的良好舆论氛围，让人们对新型职业农民的培育更加了解，给他们留下一个好的印象，奠定良好的发展基础。同时，要加大对新型职业农民培育网上课程的开发和推广力度，实现"送教下乡"，可以让操作更加简便，内容更加全面，更新更加及时。此外，还可以向其他试点地区学习，组织专人建立与新型职业农民培育工作相关的专门网站，或是微信公众号、微博官方账号等，将这些信息传达给农民，让他们能够定期进行浏览，并且通过留言等功能与官方及其他农民进行交流。此外，还可以定期进行直播，在线解答农民遇到的问题，与农民及时进行沟通。同时，要想充分地利用这些信息平台，就必须有健全的网络基础设施作为支持。目前，城乡之间的信息化程度仍然有很大的差异，今后还需要不断地对农村的信息化基础设施进行强化和改进，加强农村的网络和信息化建设。此外，还应该强化对信息传播平台的监督，保证信息的真实性和可靠性，只有这样才能够正面引导广大农民，提升他们对新型职业农民培育工作的认识。

其二，将线上培育和线下培育充分结合。由于新型职业农民培育的时间通常都比较短，因此，我们可以在培育过程中教授给农民与其能力相适应的学习方式，培育他们的持续学习能力。充分利用网络的发达，采取线上与线下相结合的培育方法，打破时间和空间的限制，让他们更积极地参与到培育活动中来。对于那些不便于经常参加线下培育活动的群体，可以采取线上教学的方式开展培育，并安排适当的时间进行线下解答问题，同时可以将线上与线下课程的比例进行合理搭配，鼓励参加培育的农民，将更多的时间用于线上学习。在线下方面，可以鼓励新型职业农民建立新型职业农民社团组织，通过举办各种形式的交流活动，让他们在社团中获得信心和归属感。还可以举办各种形式的研讨会和交流会，对新型职业农民的经验和技术进行交流。在线上培育中，重视个体化、多样化的教育方式，通过定期交流，组织新型职业农民进行培育。在线下培育的过程中，要强化他们资料搜集、课程购买，以及相关证书的获得的途径和方式等方面的能力，以此来激励农民参与到更多的培育学习中，逐步提升他们的文化素养。

3. 充分发挥先进典型示范作用

榜样的力量是无穷的，尤其对于素质普遍不高的农民群体来说。在培育活动开展前及开展过程中，可以适当借助于榜样的作用，来提升培育的效果。在相关调查中，我们发现，农民具有很强的模仿能力，因此，通过典型榜样的示范效应，能够对新型职业农民培育产生很大的正面影响。例如，选择培育工作开展成效较为显著的地区，通过对这些地区农村致富带头人、新型职业农民培育优秀人才进行宣传，让农民通过生动的实例充分了解参加新型职业农民培育的好处，以此调动他们的积极性，让他们产生参加培育的兴趣，并意识到农业的发展前景。从而自觉地、自发地、满腔热情地参加新型职业农民培育。

要将新型职业农民培育的宣传工作深入人们的内心中，从而提升农民的积极性，如果仅仅简单地进行理论和政策方面的宣传，不管采用什么样的方法，都很难获得理想的结果。现阶段，我国新型职业农民培育的主要对象是当前从事农业生产的人群，在该群体中，传统农民是重要的组成部分，因此，提高传统农民的参与热情是宣传动员工作的首要任务。虽然目前来说，传统农民参与培育的积极性并不高，但是并不代表他们缺乏进取精神。历史告诉我们，作为我国人口的重要组成部分，农民群众是不缺少变革精神的，他们在没有对新的事物形成全面的认知前，一直以来都是谨小慎微的。近年来，很多试点区域每年都会对表现优异的新型职业农民进行评选和认可，从中总结出一批好经验、好典型和好模式，将这些作为典型进行宣传，即可充分利用典型的引领和模范效应，在整个社会中营造出一种关注新型职业农民发展的氛围。让那些还在观望中的潜在培育对象有一个更加清晰的认知，消除他们的担忧，激发他们的参与热情。

（二）提升农民主体性地位

1. 强化农民主体意识

新型职业农民的培育，实际上就是对多种经营主体的组成进行培育，在实现新农业经营的专业化、社会化、组织化以及集约化的条件下，充分发挥其本身所具有的主体功能和基础作用①。所以，必须重视培育新型职业农民，并将其作为一项重要工作，运用先进技术，提高劳动力质量，来推动现代农业的发展。事实上，"小农"意识导致农业不够强大，农村难以获得全面的发展。可以说，小农意识是造成"三农"发展滞后的原因之一。因此，要有效地提高"三农"的整体水平，首先要改变农民的思想，让他们能够站在制高点上，去观察这个世界，去考虑自己的农业计划和产业发展计划，这样才能更好地快速地发展农业产业，促进农业生产的增产增效和农民收入的增加。通过对农民进行职业培育，实现从经验到知识、从身份到职业、从被动到积极的转变，进而培育出一批具有较高的整体素质、较强的业务能力，并具有一定经营管理能力

---

① 郭小建，齐芳. 高职教育在新型职业农民培育中的优势、问题与改进策略 [J]. 黑龙江高教研究，2021（5）：108–113.

的新型职业农民。

要想让新型职业农民培育取得较佳的效果，就必须注重农民的主体地位，他们参与培育的意愿的强弱会直接影响培育效果，如果他们具有强烈的参与意愿，就可以极大地提升培养的效果。要让农民积极参与到培育活动中来，就必须让他们充分了解自己所在的群体现在在社会中的地位。在湖南省的社会经济发展中，农民是农村基础设施建设和农业经济发展的主要力量，他们要靠自己的辛勤劳动来生产更多的农产品，建设自己的家乡。强化他们的思想教育，能够培育出他们的现代化观念和创新精神，在满足自己生命需要的同时，不断地发展自己，对经济发展作出更大的贡献。为此，对于湖南省来说，一是要改变农民消极的现状，提升他们参与培育的热情和动机，逐渐提高他们的创造性和主动性，要鼓励他们敢于打破对社会的认识桎梏，主动接受新的教育、新的技术，扩大自己的眼界，与更宽广的环境融为一体，充分发挥自己所能发挥的优势。同时，政府要对农民进行正确的指导，让他们对自己有一个全新的认知，并做好充分的宣传工作，为他们提供良好的生活环境，让他们对未来充满信心，从而使他们成为一名真正的职业农民。

在推进农业现代化、建设社会主义新农村的进程中，政府还应当主动树立起农民的身份和形象，大力开展培育新型职业农民的工作，使人们认识到新的职业农民与传统的农民之间的区别，逐步改变人们对农民的看法，赋予"农民"一词新的含义。

2. 提升农民现代观念

与时俱进，这是任何一个群体都必须具备的素质，只有具备这种素质才能够一直获得发展而不被时代抛弃。无论是新型职业农民，还是普通农民，都必须有一种与时代同步的现代理念，才能适应农业现代化发展的需要。农民需要主动地研究相关的国家政策、法律、法规，通过电视、手机等媒体，掌握当前的市场需求，学会利用经济学和管理学的知识，使自己的收入增加，让农产品的附加值提升。首先，农民作为初级农业生产主体和农用物品的主体，应充分利用手中可利用的资源和优势，确保自身在销售、生产等环节具有独立的决定权，从而增强自身在市场上的竞争力。其次，农民并非以个人的身份参与到农产品的生产和管理之中，而是以一个群体的身份参与到农产品的生产和管理之中。农业产业发展要走专业化、集约化和规模化的道路，要有组织化的经营意识，要有团结和合作的精神，要积极参与到像农民专业合作社这样的农业生产经营组织中去，从而提升自己的交易地位，由此带来更大的经济效益。再次，要积极地把握好农业市场的发展方向。做好市场调查，持续发掘出更大的农产品市场价值，努力在确保销量的前提下，提升农产品的价格。最后，要增强自身的洞察力，密切留意国家的各种方针和政策，及时掌握新的发展动态，要抓住机遇，与时俱进，创新和拓宽增加收益的途径。

（三）提升农民培育获得感

1. 提高农业收益

首先，要充分利用政府的主导作用，利用经济调控手段改进与农民补助相关的政策，增加农民的转移性收入。其次，深化农村改革，在推进农业市场化进程的同时，进一步健全农业生产要素价格的形成机制，实施"价补分离"，遵循市场规律，根据市场的具体变化来确定价格，以此来提升我国农产品价格在市场上的竞争力，从而增加农民的经营性收入。以经济收入的增加来增强农民从事农业生产而获得的幸福感和满足感，让他们充分感受到自我价值的实现。

2. 优化人居环境

人们对美好生活的需求，不仅体现在为生存和发展提供的物质资源上，而且体现在美丽而整洁的居住条件上。农村劳动力之所以大量地向城镇迁移，一个重要的因素是城镇的居住环境与农村相比更宜居。虽然早就意识到了农村环境污染的严重性，且经过近些年的努力，农村地区的生态环境也已经有了明显好转，农村地区的教育、卫生和文化等公共服务水平也有了明显的提高，然而，与城镇相比，仍然有着很大的不足。此外，在一些相对偏远的山区或贫困乡村，在地区经济水平低下、路途遥远等因素的影响下，农民的经济收入微薄，在解决温饱还较为困难的情况下，他们对于环境的关注度就会下降，从而使环境脏乱差的现象并没有发生改变，有能力的年轻人离乡后多不愿再返回，所以人口一直在不断地减少。所以，想要提高农村居民的获得感、幸福感，既要注重农村居民的可持续发展，又要注重农村居住环境的提升。湖南省政府需要改革财政投入机制，按照城乡基本公共服务、基本设施均等化配置资金，提高农村的人居环境，提升农民的生存质量。建设美丽乡村，充分利用农村自然环境的优点，使农村不仅能把人吸引过来，而且能把人留下来。

（四）提升农民培育参与感

农民是农村的主人，如果没有他们的主动参与，也就无法实现乡村振兴。在乡村振兴的进程中，要采取多种措施，任何机构或个人都不能罔顾农民的主体地位，更不可以各种原因进行强制命令，违反农民的意愿，从而损害农民的权益。要增强农民的主体地位，唯有让农民成为主人翁，将所有的权力都落实下去，才能让农民的主观能动性得到最大限度的激发，从而激发出农村的内在动力。

1. 还权赋能

在全国人民整体素质提高的背景下，广大农民的民主意识也在逐步觉醒，农民参与到具体事务中的意愿也越来越强烈。但是，在具体的实践工作中，农民的主体地位并没有被很好地体现出来，也没有被充分关注。长期以来，农村基层组织在行使其功能时，主要依靠行政手段，对农村各项工作处理欠妥。"包办"，忽略了农民的实际需要，导致农民和组织之间的关系逐渐疏离。村委会是一个由群众组成的基层自治组织，存在忽视村民的权利的情况，这给农村的发展带来了诸多矛盾，并对农村各项工作产生了很大的影响。针对此种情况，有关部门需要采取一定的措施，还权赋能于农民。具体可采取以下两种方式。其一，对农民的经济权利进行保护。对土地、房屋等产权、交易权和收益权进行明晰，建立起与城镇相结合的经济体系，确保农民享有与城镇居民同样的经济权益。农民的积极性和主动性能否被激发出来，最重要的是农民的物质利益能否得到有效的体现。其二，对农民的政治权力进行保护。随着农民群体物质生活条件的提高，他们对自身的尊严、对权利的追求也会随之增强，因此，要激发他们的工作热情，就要从根本上解决以上问题。

2. 增权赋能

成为乡村振兴的实施主体，是历史赋予广大农民群众的重要责任，共享乡村振兴成果也是农民当仁不让的权利，权利和责任相辅相成，权利就越宽泛，相应的承担的责任越大。享受全面的民主权是我们国家公民与生俱来的一种权利，但要实现乡村振兴目标，仅仅依赖于对传统民主权的行使，还有很长的路要走，且很难满足乡村振兴的具体实践需要。因此，当前为农民增权赋能也是亟待解决的问题。其一，提高农民职业能力是农民迫切需要的一种权利。针对优势教育资源在农村和城镇之间分配不均匀，以及乡村振兴迫切需要高质量的农业从业人员的现状而言，农民应该首先享受到发展教育培育的权利，具体包括基础教育、技能培训、科技推广，以及与教育培育相关的基础设施建设等。其二，在培育新型职业农民方面，应当给予受培育者更多的权利，使其能够全面地参与到"三位一体"培育体系的建设中来，在培育的内容、方式和时间上，以及培育的资格和实施办法上，应当在具体培育的过程中，听取农民的意见和建议，并根据他们的建议找出相应的解决办法，让农民有权参加相关事件的决定。在对实施权利进行全面保证的基础上，提高农民的主人翁意识，从而使他们树立起乡村振兴的主要责任意识。

（五）增强转型自身驱动力

在培育新型职业农民时要注重农民本身的主观能动性，即农民自身的学习动力。学习动力来源于外驱力与内驱力，外驱力在于社会与外界为个体带来的激励，但是，个体学习内驱力是为了满足生存需求、发展需求，以及自我实现需求。湖南省对于新型职业农民培育的重点在于，如何激发农民本身的内驱力，在实现生存的基础上，进一步实现自我发展与自我追求。

1. 提升新型职业农民自我生存能力

根据马斯洛需求层次理论，人最基本的需求就是生理上的需求，简单地说，就是为了保持人体机能的正常运转，这是人类产生行动的根本原因。马斯洛认为，当人类的基本需求得到满足时，就会出现较高水平的需求，而这种需求又是推动人类发展的重要因素。要改变目前农村劳动力持续流失和人口老龄化的状况，首先要加强对农村劳动力的教育，使其认识到提高整体素质的重要性，从而提高其生活水平。其次要加快我国农村农业的转型步伐，坚持以自主创新的方式，促进农村农业的可持续发展，把自己培育成具有高知识储备、高技术、高素质的新型职业农民，从而更好地满足自己的生活需求，提升自己的生存能力。

2. 强化新型职业农民自我追求能力

马斯洛需求理论指出，自我实现的需求是人们追求的最高需求，也就是人们在自我能力、自我抱负、自我理想等方面都能够获得最大程度的满足，同时，自我需要实现的方式各有不同。对新型职业农民进行培育，其根本目的是激发他们自身的探索意识，进而形成不断主动接受教育和培育的内部动机。外部动机则来源于湖南省实施新型职业农民培养模式取得的成效。培育模式的科学实施、培养活动与实际相结合、严格的农民等级评价方法、完善的新型农民培养机制等，持续指导新型职业农民将自身的内在潜能完全释放出来，推动自身发展，激励新型职业农民实现对自身的超越。

二、加强多元主体融合发展

受各种因素的影响，如农业的弱质性和缺少政策倾斜等，拥有高教育背景的青年更愿意到城镇中去从事非农产业，因此，在培育新型职业农民的过程中，通常都是由政府负责主导，在培育工作的开展过程中发挥带头作用。但是，培育新型职业农民是一个漫长而又繁重的系统工程，仅仅依靠政府的力量必然会显得捉襟见肘，还可能形成一种垄断的局面，从而影响农民的合法利益。所以，要以政府为导向，主动引导社会资金、社会机构等社会和市场的资本、资源的参与，推动社会资本向农业领域的转变，从而可以有效地弥补政府在人力、物力、财力等方面的缺陷。在社会机构与公共实体之间，建立起一种良好的竞争关系。同时，可以推动培育方式和培育内容的创新，为农民提供更先进更高质量的服务，以最大限度地让农民获得利益。在今后的发展过程中，建议加强鼓励农业市场化运行，加强对新型职业农民培育的宏观控制。同时，要加大市场运作的力度，弱化政府对培育的微观调控，充分发挥市场资源配置的决定作用，要主动将社会、市场等因素引入到培育工作中，激发各类主体对新型职业农民培育的积极性和主动性，发展政企合作型和市场推动型的培育模式，用来补充公众资源的不足、提升市场竞争的活力，进而助力培育产业化发展。

从全国范围来看，市场推动型的培育模式也是新型职业农民培育的发展趋势，重视市场的导向作用，充分调动各方主体的积极性，全力发挥各方作用，甚至可以让高校和企业全面承担培育新型职业农民的任务，从而建立起专门的培育新型职业农民的行业，让培育出来的新型职业农民更贴近于市场，从而提高农业社会化服务的程度，推进农民培育产业化发展的进程，保证现代化农业培育收益最大化。

三、完善政策支持体系建设

扶持政策的出台，充分反映了新型职业农民的优越性。以现有的强农惠农政策为依据，政府应该主动地研究并出台具有更强针对性、含金量和可操作性的扶持政策，健全相关的扶持机制，保证各项扶持措施都得到落实，让新型职业农民得到切实的利益。

（一）规范土地流转政策

新型职业农民的成长与城镇化的推进相互影响，怎样保护农民的土地合法权益不受到侵害，对规范土地流转体系提出了新要求。土地使用权流转是农村集体资产转移的重要环节。加速对土地流转服务系统的规范、健全体制机制，将为新型职业农民的成长创造良好的基础条件，对实现耕地规模化、集约化的经营，并推动全国范围内的新型职业农民的成长与发展，将会起到重要作用；对推动耕地资源的合理开发和利用具有重要意义，对促进我国粮食生产的稳步增长、促进农村的美丽发展及可持续发展、促进农户的收入增长都是有益的。应加快农村土地确权工作，对土地的承包经营权进行界定，同时，对农村宅基地及集体建设用地的使用权进行规范化，建立标准的土地流转制度对于支持新型职业农民的发展来说尤为重要。应着重指出，在政府主导的土地流转中，一定要坚持符合经济发展的基本原则，避免人为抬高地租，也要避免因追求业绩而导致的"去农民化"的经营模式。

其一，加快土地确权颁证。伴随着三权分置的土地产权制度改革的不断深入，党的十九大报告在恰当的时机，提出将农民的土地承包经营权再延长30年。这不仅对提高土地流转年限有利，而且对持地农民和有扩大经营规模需要的新型职业农民有利，还对形成一种稳定的土地关系有利。

其二，搭建土地流转平台。为了避免土地流转中出现各种如违约、价格高等问题，而影响新型职业农民对生产资料的获取。湖南省政府有必要建立一个专门的部门来管理与土地流转有关的事务，为经营主体和持地农民建立一个正规的土地流转平台。要做好农村土地流转资料的登记工作，保证资料的真实可靠，建立健全农地转移服务系统。制定相关的政策和规定，对土地流转给予法律保障，保障合同当事人的基本权益，维持好土地流转的市场秩序。

其三，实现土地流转方式的多元化。土地的流转要以让渡人的共同利益为前提，不得侵犯任何一方的利益。因为持有土地的农民情况不同，他们中有些人只是离开了土地还居住在农村，有些人没有离开土地，却离开了农村，还有一些人既离开了土地又离开了农村。为此，应根据土地所有者的具体状况采取不同的流转方式，通过合理的流转，实现农民共享收益，这样，还可以促进土地租金的理性发展，从而减少生产成本。

（二）增加经营主体数量

我国实行土地的社会主义公有制，即全民所有制和劳动群众集体所有制。自改革开放以来，农村土地实行家庭联产承包责任制，极大地解放了生产力，但农业经营主体非常分散，因其太过分散，导致了一系列的问题，如农业生产难以实现机械化和产业化发展、农业生产效率低下、农民收入微薄等。此外，因为经营的规模太小，导致获取的利润很低，很难招揽到优秀人才进行经营。

近年来，农业开发公司、农民专业合作社、家庭农场等新型农业经营主体在我国得到了发展。当前，这种新的经营主体把大量散乱的土地进行了整合，并较好地解决了因分散而引起的一系列问题，逐步向产业化和集约化方向发展。但是，目前这种新型农业经营主体的数量仍然非常少。所以，利用"现代青年农场主计划"，重点培育家庭农场主和农民专业合作社经理人等方式，加快对新型农业经营主体的培育速度，对推动农业发展方式向产业化、集约化转变将会起到至关重要的作用。

（三）促进农村人口分流

在农业社会，农民是一种处于封闭村庄环境中的传统小农，适应了自给自足的自然经济。而在新时代背景下，全球农民的市场不再仅限于国内，而是开拓到了国外，成为一种理性小农。农业人口在人口中所占的比例是从传统农业过渡到现代农业的一个关键指标，其比例的高低直接影响着农业的发展水平，其所占人口总数的比例越小，证明现代农业的水平越高。在发达国家，农业人口所占的比例通常低于总人口数的 5.0%，然而根据国家统计局发布的资料，截至 2015 年底，我国的农业人口比例仍为 43.9%，所以，我国依然是一个传统的农业大国。

当前，中国的农村人口已经出现了明显的分化或分流现象，为了加快我国的现代化进程，就需要大力推进城镇化的进程，使农村转移到城镇的人口市民化，推动农村人口分流。进城务工的农民工属于"兼业"农民，他们在农业转移人口市民化过程中转化为城镇居民；而仍然留守在农村的农民，一些将会从事农业中的服务业，另一些则会逐渐被划分为三种新型职业农民：生产经营型农民、专业技术型农民及专业服务型农民[①]。

---

① 钱娴. 地方高职院校培育新型职业农民的路径研究［J］. 职业教育研究，2022（6）：19-23.

（四）强化人才激励政策

对新型职业农民的激励，既要注重对他们物质上的激励，又要注重对他们精神上的激励。首先，对于那些在发展中取得优异成绩的农民，应当给予适当的奖励，如在土地的使用、财政的支持、金融的服务、农机购置等领域享有较大的优惠。其次，加强宣传，建立表彰制度，如在 2018 年 9 月，农业农村部等三部委联合举办首届全国农业行业职业技能大赛，并作为首届"中国农民丰收节"展示活动之一。它的目标对象是职业农民和农业企事业单位的一线员工，目的是发现、选拔和激励农业专业技术人才，促进农村人才发展。取得名次的将根据获得奖项的不同，获得农业农村部给予的"全国技术能手""全国农业技术能手"等称号，并获得相应的职业资格的提升。同时，每个示范地区会对有示范带动作用的先进新型职业农民进行评选，向他们发放获奖证书，并作经验汇报。这一系列的措施使得新型职业农民在心理上获得了充分的满足，在社会上也能够获得人们的尊重。

（五）完善农业保险制度

目前我国还没有形成一套完善的新型职业农民发展体系，在新型职业农民开展经营活动的过程中，存在着诸多风险，如自然灾害、市场风险等。要想构建一条健全的、具有可持续发展能力的新型职业农民的发展道路，就必须在政策上对规避风险进行规范，并结合产业特征，制定有针对性的风险扶持政策。可以从以下两个方面来考虑。第一，创新风险支持。无论是新型职业农民个体，还是像家庭农场等形式的组织，都在持续地进行着创新，只有创新，他们的产品才能保持在市场上的竞争力，从而获得相应的市场份额。但是在他们进行创新的进程中，有很大部分均以失败告终，这就要求政府在政策上给予一定的指导与支持，尽量降低创业带来的损失。有效地规避风险对提高我国新型职业农民的创业积极性具有重要意义。第二，经营风险支持。政府需加速保险业与农业生产经营之间的联系，研发出与农业生产经营相适应的保险产品，在此基础上，政府可以制定相应的政策，对农业保险的产品进行规范，从而有效地保护新型职业农民的正当利益。

（六）提升农民整体素质

1. 严格新型职业农民认定标准

在培育新型职业农民的过程中，应加大对新型职业农民内涵的培育，注重他们对所学的知识、技术的掌握，全面提高他们的综合素质。为此，必须建立健全新型职业农民认证标准，建立新型职业农民评价体系，以保证新型职业农民各项指标的发展能够达到平衡。农民资格认证制度要求省、市及各村镇要对农民资格认证制度进行严密的审核，对三级新型职业农民证书的认定应该加以适当的管控，构建的新型职业农民信息资料库拥有明显的等级区别，农民的证书、等级分别与从业规模、资格直接联系在一起，进而激发农民持续接受教育的兴趣与意愿。

2. 强化新型职业农民弱项培育

所谓"木桶"原理，其实就是指一个木桶的容量不是由最长的那块木板决定的，而是由最短的那块木板决定。所以，在开展新型职业农民培育工作时，应该认识到职业农民在发展过程中存在的缺陷，并以此为依据进行有效的改进，尽量将新型职业农民存在的所有短板都解决掉。其中，知识和技能是相对的基本条件，湖南省还针对农民所处的区域和所从事的工作类型，进行详细的研究，并制定相应的培育模式、知识体系和技能体系。在能力上，新型职业农民培育主要采取的是"互联网+教育"等各种培育模式，与线下的考评相结合，还可以调动乡镇进行帮助，或借助社会组织和社会主体等，合理展开培育工作，在培育过程中尤其需要注重培育农民的创新精神，为发展多元化的农业打下坚实的基础。

3. 提升新型职业农民整体形象

在新时代，农民的形象正逐渐朝着职业化方向发展，而职业农民的培育则是一条能够让农民全面、全程参与的综合途径。湖南省大力培育新型职业农民，旨在改变农民文化水平低下的现状，通过传授技术，提高农民的道德素质、政治素养和精神品质，使其逐步成为高质量的农民群体，彻底改变农民在人们心中的传统形象。通过提高公众对农民的认识，建立健全新型职业农民资格证书体系，增强公众对农民的尊敬，进而使社会层面上对农民的认识不断提高。

（七）强化农业科技投入

1. 增加农业科研经费投入

湖南省作为一个以农业为主的省份，能否持续地发展农业，提高各种农产品的产量，将直接关系到湖南省的总体经济发展及整个社会的现代化建设进程。单纯依靠传统的种植方式，不仅产量低，而且无法产生较大的经济效益。加强对农民的科学技术教育，就必须加大对农业科学研究的投资力度，研发出更具人文主义特征、与时俱进的成果，以支持湖南省新型职业农民的培育工作。可以从以下两方面进行操作。其一，要明确政府在投资中的主体地位，在编制全省的投资计划时，要把农业作为主要的投资项目，优先安排好农业的投资项目。确保在资金投入方面，对农业的投资增幅高于其他投资，把保持农业的投资比例作为重点，并保持投资的长时性和稳定性。其二，成立公共关系部门，并在确保以政府为主的前提下，主动寻求其他对农业的资金投入渠道，以缓解政府和国家对农业的投资压力。让其他机构、企业或者个人也加入到其中，一起协作，这样既可以保障科研的成功，又可以让其他投资主体一起分享研究结果，从而利用各种途径筹集到的资金，大力开展农业技术革新，推动湖南省总体经济发展。

2. 加大农业科研人员培育力度

科研人才是农业科技的研发和创新结构的核心，选拔出一批优秀、有激情、有经验的、具有较高学术水平的农业研究人员，能够极大地提升湖南省的农业科技水平，因此，湖南省政府和相关科研机构，应制定出一套科学的选拔方法和评价体系，从而保证所选择的科研人才都是真正有才华的人。而后将他们集中在一起，组建一支强大的研究团队。可以将招募的对象扩展到别省，甚至是其他国家，要按照他们的优势和他们之间的差异，来分配最适合他们的工作和研究项目，让他们能够在最短的时间内成长起来。对于那些指导农民进行科学调查、指导农户进行科学管理和改进农业技术的科研工作者，应给予更多的鼓励。例如，为他们提供经济补助，增加他们的社会保障，为他们提供在农村工作时居住的房屋和生活用品等，使他们与其他部门的工作人员享有同等或更高的福利，只有这样才能够让人才真正发自内心地愿意留在农村，为农业现代化发展贡献自己的力量。

3. 加强农业机械化支持力度

在现代农业的发展过程中，光依靠农民付出劳动是远远不够的，需要更多的农业机械来取代人力，去完成农作物的收获和农副产品的加工等工作。湖南省在开展新型职业农民培育工作时，可以有意识地提升农民对机械应用的熟练程度，让他们利用自己所学到的技术，提升农业的生产速度。其一，根据实际情况，选用适当的机械设备。因为湖南省内的大部分地区是山地，所以一些边远的农村地区受地形影响，无法使用体型太大的农业机械，因此要结合本地的特色，增加一些小型或者重量较小的农业机械，可以帮助农民有效加快生产流程。其二，要充分利用农业科学工作者的创造性思想，研制出适合于实际生产的农业机械设备，如有效用于种子培育和新产品栽培的设备等，来提高生产力。在研制成功后，要进行广泛的宣传，大力推广此类产品，让更多的农民产生尝试的欲望，积极地去学习此类知识，进而扩大新型职业农民的来源。

四、构建培训成效评价标准

（一）建立系统的职业教育体系

培育新型职业农民，需要构建出一套完整的、系统性的职业培育体系。现代的农业发展，对农业从业人员提出了更高水平的文化涵养、熟练的技术应用，以及先进的经营管理理念等方面的要求。但是对于当前湖南省的情况而言，农村劳动力的文化水平相对较低，大多数农民在耕作中主要依靠父辈的教导和自身的实践，其文化水平与城市中的居民相差较远。因此，职业教育和职业培育是提升职业农民综合素质的关键环节。

1. 设置合理的培育课程

培育工作的开展要做到因人而异，根据个人的实际状况，如生活条件、文化水平、种植种类、兴趣和喜好等，对其进行适合的培育是十分重要的。在培育新型职业农民的过程中，要从学员的年龄、学历等方面考虑，并结合湖南省的具体农业生产情况，从传统的教育手段到现代的教育手段，采取多种形式进行培育。如表5-1所示，经过我们的实地调研，参与培育的农民更愿意接受一些关于种植和养殖技术的培育，然后才是对经营管理技能的培育。

表 5-1　期望接受的培育内容

培育内容	被选择的样本数	所占比例
种植、养殖技术	112	65.0%
政府涉农政策	18	10.4%
经营管理技能	25	14.5%
文化知识	12	6.9%
法律、金融政策	6	3.2%

2. 安排灵活的培育时间

新型职业农民培育并非一蹴而就的事情，它必须随着时代的发展而进行相应的改革。大部分农民在农忙的时候都无法抽空参与到培育工作中来，因此，合理地制订培育工作的计划也十分重要。从表 5-2、表 5-3 中的样本资料可以看出，参与培育的农民更愿意在农闲时节或农作物病害高发期进行培育，且每次培育的适宜时间为 2~3 天。因此，有关的培育部门和组织在确定培育时间时，需注意不能对农民的正常生产行为造成干扰，要将培育工作安排在农民农闲时期或者工作节假日进行，这样才能在最快的时间里使培育工作顺利完成，从而达到最好的效果。

表 5-2　愿意参加培育的时间

培育时间	被选择的样本数	所占比例
任何时候	19	11.0%
农闲季节	74	42.7%
周末或晚上	25	14.5%
病害高发期	55	31.8%

表 5-3　期望一次培育项目的持续时间

持续时间	被选择的样本数	所占比例
1 天及以内	38	21.9%
2~3 天	112	64.7%
4~7 天	21	12.1%
8~15 天	2	1.3%
15 天以上	0	0

3. 选择适宜的培育地点

在开展新型职业农民培育活动时，应该以受培育者就近且方便为原则来进行相关培育活动的安排，如选择离受培育者居住地、田地等位置近的地方开展培育活动，如表5-4所示，根据参加调查的新型职业农民和普通农民偏好的培育方式的样本数据显示，51%左右的受培育者更愿意在田间进行现场教学，这样不但能够减少他们参加培训的交通费用，而且可以让授课教师去田间或生产基地进行考察，以此找出农民在生产中所存在的问题，并对其进行现场的讲解，让受培育者能够学到更多的理论和实践知识。

表5-4　喜欢的培育方式

培育方式	被选择的样本数	所占比例
一对一咨询	52	30.0%
课堂授课	28	16.1%
田间实地授课	89	51.5%
观看录像	3	1.7%
看书或上网自学	1	0.7%

4. 建立严格的管理评价制度

新型职业农民的培育机构应建立一个完整的严格的并统一标准的管理评价制度。制定严格的管理评价制度，有助于受培育者在接受培育时能够遵守规范，努力学习，把培育内容铭记于心并成功内化；建立完整的评价制度也能激励受培育者的斗志，提高他们学习效果。此外，还可以进行相关物质奖励的评估和提供，在培育结束之后，可以向通过考核并符合条件的新型职业农民发放相关的资格证书，并确保其具有一定的实用性。使具有资格证书或者技能评定证书的新型职业农民可以在相关的农业生产经营行业中工作。对于那些已经取得了资格证的农民，也需要进行定期的评估和指导，让他们可以在各种不同的社会和经济条件下，使自身技能与社会发展相适应。

（二）改革培育内容和教育理念

1. 树立现代教育理念

首先，树立农民人才观。农民是新型职业农民培育的对象，他们拥有深厚的乡土文化知识和农业生产的实际经验，是一个既有自主性、能动性、创造性又有可持续发展潜能的劳动力群体。因此，在社会层面上，必须改变对农民的基本认识，要建立起农民人才观，对他们树立起足够的信心。

其次，树立农民发展观。转变现有的培育理念，在实施教育培育的过程中，培育主体要尊重农民的个性和实际需求。构建一套有效的沟通机制，利用教师与受培育者之间的互动，将农民的积极性最大程度地调动起来，让农民成为自身发展的主体，激发和培育农民自我发展的意识和能力。

最后，树立终身学习观。想要通过短暂的培育活动，让新型职业农民获得长足的发展是不现实的，必须转变培育观念，将培育活动作为能够促进农民终身发展的工作，将终身学习的能力纳入到培育内容中。为了达到这一目的，必须建立起一套新型职业农民的终身教育制度，以信息管理系统为基础，根据新型职业农民的发展现状和成长规律，进行针对性的且持续的培育。另外，进一步加强农村信息基础工程的建设，鼓励农民积极参与网络培育，并在培育的过程中引导他们学会利用网络进行自主学习，以此提升他们独立解决问题的能力。

2. 拓宽培育对象来源

以往，新型职业农民培育工作培育对象的选择，由于挑选范围的限制，这样就会产生以精准扶贫或低保户为主的局面，严重影响新型职业农民的培育效果，限制新型职业农民的发展范围。因此，湖南省需要通过改变选拔对象的观念，提升农民参与培育的主动性和积极性，如可以使用推荐制，通过自荐、相互推荐的方法，来吸引并选择更多的优秀人才，来参与培育工作，并从事与农业有关的工作。

此外，作为今后乡村振兴的执行者和建设者，新型职业农民的目标不能仅限于农村，而是要保持一种开放、宽容的心态，不仅要注重本地的培养，更要注重"筑巢引凤"，以"聚才聚智"。招纳一切有志扎根于农村、奉献于农业的各种类型的优秀人才，而愿意务农、以农为业、以农为荣的都市优秀人才，更是不能拒绝的。农村和城镇中的优秀人才的联合参与，将会极大地提升新型职业农民的培育效果，迅速扩充新型职业农民队伍。因为生长环境和受教育环境等方面存在差异性，所以两地的人才拥有不同的思考方式和知识体系，这也会促使新型职业农民的内在结构得到优化。

此外，还需规范遴选流程，将培育目标分成不同的类别，进行筛选。新型职业农民是高质量的农业技术工人，不是人人都能参加培育活动，要对培育对象进行有效选择。由于大多数农村农民的综合文化素质较低，因此在挑选培育对象时，应当挑选参与培育意愿强、文化基础或专业素养高的人进行培育。这部分人不一定来自农村，但必须是长期从事农业并具备学习意识和发展能力的人。湖南省各个地区可以根据一定的筛选标准和程序，以当地主导产业或特色产业为基础，进行宣传和摸底调查，积极调动县域内思想积极、基础良好、善经营懂技术的农户参与到培育工作中来。合理地将筛选的培育对象进行分配，从农业产业的角度来说，要以区域内的优势主导产业为依据，着重选取在优势产业领域的生产者或从业人员，并优先进行培育。从培育目标自身来看，可以按照他们的技能水平等级来划分：一种是具有良好的总体质量，并且愿意把农民当作自己的职业的农民；另一种是整体素质不高，但是把农业生产经营收入当作生活的主要来源的农民，可以把这两类意愿群体进行详细的分类，进而精准施教、分类培育，为他们提供更具针对性的培育资源。此外，还可以加强对职业农民的政策倾斜和财政补贴，并将其作为对职业农民的惠农扶持政策的保障，让他们能够享受到农机推广等配套服务，为他们提供金融信用和各种项目扶持，将年龄较小、素质较高的农业劳动力纳入培养职业农民队伍，为培养职业农民和促进农业现代化发展注入新的活力。

3. 精准设置培育内容

在对新型职业农民培育的内容进行设定的时候，要与农业产业标准化、规模化、现代化发展需求相适应，把市场的真实需要作为向导，进行差异化的设计，在满足各种类型的职业农民进行多元化培育需要的同时，要提高培育内容的先进性、科学性和实用性。在培育新型职业农民的过程中，以前期的实地调研为基础，设置更科学、更全面、更丰富的培育内容，这是提高培育效果的一个客观需要。

其一，加强培育内容的针对性、适用性。以充分的实地调查为依据，以现实的需求为依据，提高培育内容的针对性和适用性。在确定培育内容以前，有关的专家和教师，以及课程的制定人员必须对参与培育的受培育者的知识水平、当地农作物的种类、受培育者的优势进行分析，进而提高培育内容的针对性。例如，湖南省各区域的经济发展状况、气候、土壤、地理位置等均具有一定的差异性，因此，需要根据农民需求和农业产业发展等基本条件，结合市场的发展需要，制定出更合理、更科学、更有效的培育方案，来提升新型职业农民培育方案的针对性和适用性。农户需要源于农业生产的实际，它是地方农业发展的难点，把农民需要作为培育课程内容设定的考量对象，不但能及时有效地解决区域行业发展中存在的问题，而且可以让更多的农民产生共鸣，提高他们的参与热情。

其二，培育的内容要尽可能选择学员需要的、喜欢的和感兴趣的。通过调查我们发现，现在开展的新型职业农民培育所选择的课程内容，很多都是受培育者不感兴趣的，也很难激发受培育者学习的热情。因此，在制定并确定培育内容的时候，要选择受培育者喜欢的、感兴趣的内容。实际需求与参加者的喜好，将影响到受培育者对知识的理解、掌握乃至终身学习的能力。因此，要确保培育内容的科学性、合理性和实际的行业需要，要选取培育对象所喜爱的内容，并尽量为其提供更多的个人化培养内容。

其三，利用"互联网+新型职业农民培育"来充实培育的内容，扩大培育资源的共享范围。在开展培育活动的过程中，应充分运用网络信息技术，持续扩大培育课程的内容，并对教学资源进行整合和分享，从而加速培育课程内容的更新。线上内容还能够实现新型职业农民培育内容的长久分享，为新型职业农民持续学习和终身学习提供更广泛的培育内容。此外，在"互联网+新型职业农民培育"的基础上，农民能够按照自己的需求和兴趣来选择他们所要学习的内容，进而满足他们对个体化的服务和教育内容的需求。例如，将更多高质量的与新型职业农民培育有关的课程、课件等放到网络上，利用网络开设更多的课程，这样有利于改善培育内容的单一性，也可以让新型职业农民培育对象自主地选择学习内容。

4. 不断优化培育条件

湖南省内各区域要继续加强对新型职业农民培育工作的扶持，对培育条件进行持续的优化，从软硬件两个方面同时发力，推动培育工作走得更稳更远。一是要增加经费，加强新型职业农民培育的基础设施建设，加强新型职业农民培育的教学设施建设，重视新型职业农民培育的实践和培训。二是加强教师队伍建设。用"严进"的原则来选择优秀的教育工作者，用严格的职称评定体系来搭建晋升通道，并激励教师进一步提升自身的专业知识和技术水平，使培育教师团队能够自觉地增强对飞速发展的现代农业知识、科技、发展理念的学习与研究，能够经常对自己的专业知识和教学技能储备进行更新。同时，要做到赏罚分明。此外，在聘请师资方面，还应当遵循"理论与实际并重"的方针，既要聘请有着与现代农业有关的深厚专业知识基础的专家学者，又要聘请一些有着大量实际工作经历的"田秀才""土专家"等，从而使师资力量得到进一步的补充和完善。

5. 探索创新培育模式

在试点区域的实践探索中，已经发展出课堂教学、田间学校和远程教育等不同的培育模式，这些培育模式的创新大大提高了新型职业农民培育的效果。我们同时能够看到，现行的培育方式对于培育高质量的新一代人才来说，存在着较大的后劲不足的问题。在全球一体化发展不断加快的背景下，农业竞争的范围从国内扩展到了国际，而更广阔层面上的竞争实际上依靠的还是知识和人才，因此，在培育新型职业农民方面，就需要有意识地提升他们能够参与国际市场竞争的能力。

壮大新型职业农民队伍，不仅需要数量的增长，而且需要质量的提高。为此，必须不断地进行新型职业农民培育模式的创新，尤其要创新高素质、宽广视野、高竞争力的职业农民的培育模式。一方面，加强与农业高校之间的合作，并完善联合教育的机制。在提升职业农民学历教育水平的同时，要有目标地在高校内培育出一批具有更强的专业能力和更高标准化程度的知识型和管理型农业人才。在此基础上，结合美国等农业发达国家在培育农业人才上的成功案例，根据我国和湖南省的实际情况，探讨出一条适合湖南省特点的"走出去"的农业人才培育之路。政府可以从政策和资金两个方面，对有意愿、有能力的职业农民或涉农高校学生进行鼓励，让他们走出去进行交换学习，拓宽他们的视野。此外，还可以向农业发展迅速的国家学习先进的经验，如选拔优秀教师出国进行研学，或聘请外国优秀教师进入高校教学等，以多种方式来提升培育的质量。

（三）完善资格认定和管理制度

1. 规范认定管理

并非所有的农民都适合成为新型职业农民，成为新型职业农民是有一定条件限制的，并且这一条件将随着社会经济发展、职责的扩展而逐步提高。相应的专业资格认证不仅是政府扶持的重要依据，而且是对持证者资格和实力的肯定。针对湖南省的认定管理现状，政府可以从五个方面来完善资格认定。

第一，明确主管部门。使颁发的新型职业农民资格证书具有权威性，才能够提升农民参与培育的积极性，让他们对获得资格证心生向往。为了保障资格证的权威性，就需要明确主管部门，并借助于法律法规手段来维护其唯一性，这不仅能够提升资格证的专业性，而且有利于该部门对证书进行管理。

第二，明确主要指标。评价指标是否科学、全面，直接关系到新型职业农民的素质水平。在此基础上，结合对试点区域的探索，应把下面这些因素作为评价的重要指标。首先，年龄、受教育程度、所掌握的农业技术、营销能力、信息识别能力，以及政策解读能力等。其次，绿色、生态、安全的可持续发展和责任意识，以及"三农"情感在内的农民职业道德水平。再次，对其发展潜能进行评估，其中包含投资能力、风险承受能力和长期规划能力等。另外，农业的种植与管理的规模与带动农业发展的能力也是新型职业农民评价的一个主要方面。

第三，明确认定程序。由主管部门公布考评公告及细则，完成教育培育课程的受培育者主动递交有关资料，经基层政府审核，上报农业主管部门。

第四，由农业主管部门严格按照考评标准进行认定，一般分为初级、中级和高级三个等级。

第五，公开评选的结果，由公众对其进行监督，在监督期限内没有人提出异议后，正式颁发资格证。

2. 规范信息管理

将新型职业农民的信息管理予以标准化和规范化，可以让培育对象、培育师资、实训基地等之间的信息实现互联，对于促进系统化、精准化的培育活动是一种非常关键的支持。因此，需要对新型职业农民培育的信息文件和数据库进行完善，提高信息化的管理水平。

第一，完善信息化平台建设。各级主管部门要从上到下，对相关信息化平台进行全面建设，其中包括"新型职业农民网"和"农村远程教育网"等，保证有关信息的可靠程度和推广度。

第二，完善信息化管理，可以从两方面来进行。其一，大范围地对还在务农的农民进行调查，对有兴趣参与培育活动的人员进行信息登记，并统一存入数据库，下次选择培育对象时可以优先考虑这类人群。其二，对于持有资格证的职业农民，要进行档案登记，按照等级归类，并要确保资料的及时更新，从而形成一个动态的管理机制。同时对培育后的支持与持续教学的精准化进行有益的探索。

第三，对培育教师队伍进行信息化管理。湖南省内各地需要对自己辖区内的培育师资队伍进行严格的审查，并对其进行及时更新及完善，从而构建出一个具有开放性、共享性的师资库。

第四，提高实践基地的信息化管理水平。对各种类型的教育培育资源进行整合，构建田间学校、实训基地、创业孵化园等实践基地的数据库，输入具体的基地信息，就可以体现其特点和优势，这样便于在实践教学过程中，结合受培育者的实际需要，合理地选择培育资源，以提高实践学习的质量。

第五，要加速建立优质资源库。为推进"国家农业科技教育云平台""中国农技推广App""云上智农App"等智慧化终端的使用，有关单位需将与培育课程的自学流程、新品种农产品和新型农业技术相关的详细介绍尽快进行完善，为受培育者提供良好的自学条件。

3. 规范跟踪服务

在新型职业农民培育工作中，对其进行后续跟踪服务是最基本的一个环节，是巩固培育效果、帮助新型职业农民解决创业兴业过程中所遇难题的重要举措。在新型职业农民培育快速发展的同时，要加强跟踪服务的针对性、规范性和有效性，以保证跟踪服务的落实。

第一，加强组织保障，做到责任落实到人。以地方农业广播学校为龙头，与农业技术推广机构合作，建立一支授课教师、农机推广人员、"三农"专家在内的服务队。采取结对的方式，让专家对农民进行帮扶，并建立长的帮扶关系，根据农业生产的时令性，进行不定时的技术指导。对跟踪服务记录管理进行改进，将服务对象的发展状况精确地记录下来，并将其归档管理，以此来作为绩效考核的基础，以对服务人员的实际工作进行激励和监督。

第二，创新服务模式，增强服务效率。新型职业农民的数量越来越多，面对面的指导服务在面对快速增长的服务需要时，效果就会变得越来越差。在"互联网+"的背景下，要发挥各种信息技术的优势，构建网络跟踪服务平台，进行跟踪服务工作的创新。例如，组建一个以"三农"专家、农技推广人员和新型职业农民为主要成员的网络聊天群、QQ群等这样的沟通平台，既便于专业人士进行技术指导，又便于他们对农民的疑问进行解答，还能促使职业农民利用这个平台来共享自己的经验，以此来获得共同的提高。此外，还能够利用这些平台，来发布农民所需要的技术、市场、政策等即时性更高的信息。

五、优化教育资源整合力度

（一）构建教育资源支撑体系

1. 高等农业院校是新型职业农民培育的高端资源

高等农业院校不但有数量众多的科研技术人员，而且有一大批的科研成果。此外，它还具备农业科技资料齐全、信息通畅的特点，具有非常强大的信息优势。在对技术进行研究和推广的过程中，高等农业院校能够起到非常关键的作用，并且肩负着培育农业专业技术人才的重任。

高等农业院校可以结合以下举措，助力新型职业农民培育的发展：其一，根据新型职业农民的需要，不断创新教育方式，强化教育管理，完善教育体制，为服务于新型职业农民培育、新农村建设提供组织保证；其二，发展和研究农业高新技术，同时要让农民快速掌握和推广这些知识和技术，培育出真正拥有先进科技理念、掌握先进知识与经营管理技能、可以熟练运用先进技术的新型职业农民；其三，根据社会主义新农村建设进程中新型职业农民的特殊需要，进一步完善高等农业院校与之相适应的综合改革，建立相应的约束和激励机制，组织新型职业农民培育的科学研究团队。

2. 农业科技机构是新型职业农民培育的现实资源

农业科技机构，是一类专门从事农业新技术应用研究、新品种引进和培育、农业新产品研发和应用，并提供咨询、服务和培育的机构。在培育新型职业农民方面，农业科技机构是最主要的现实资源之一。农业科技机构工作人员的培育能力对新型职业农民培育的质量和效果均能够产生直接的影响，因此，对农业科技机构科技人员的整体素质进行提高显得尤其重要。

一是要以农业职业院校、农业科研院所为基础，加大对农业科研院所的科研工作者的知识更新力度，开展多元化的培育教育，让他们拓宽视野，不断更新知识结构，提升科研能力及农业科学技术的可持续性；二是要积极引导和激励农业科技人才、农科大学生到民办农业科研院所和农村基层去，从事农业科技研究、技术推广和管理工作，积极推行"大学生村官""三支一扶"和"一村一名大学生"等计划，为农业科研机构和农业科研队伍提供更多的新鲜血液。同时要放宽门槛，不要对学历教育水平有太高的要求，积极发掘和培育来自农村的乡土型专业技术人员。这样的队伍能够深深地扎根在农村，用得上、留得住，不仅能够为科研机构服务，而且能够为新型职业农民的培育提供实践方面的指导。

3. 培育教师队伍是新型职业农民培育的素质资源

培育优秀的农业人才，最重要的是要储备优秀的师资力量，优化师资力量能够为新型职业农民培育提供智力保障。为此，省内各级地方政府要全力提高培育教师队伍的素质，构建教师资源的动态储备与调剂机制，组建一支优质的培育教师队伍，以高质量和专业化的教师队伍作为培育工作的后盾。首先，各地要建立一套严格的准入机制，不断地吸收新鲜的血液来改善当前的培育教师结构。并且，在培育教师的选择和聘用上，要严控准入门槛，健全培育教师的考核和评价体系，强化竞争和激励机制，加大对培育教师的标准化和规范化的管理力度，并对教师队伍进行经常性整顿，对考评不及格的教师进行淘汰，使培育教师队伍得到进一步优化。其次，要加强对培育教师队伍的培训。通过在职进修、教学经验交流及脱产培育等方式，让培育教师的能力持续提升。最后，在保持现有全职师资队伍的同时，要加强对非全职师资队伍的建设。此外，还可以从农业大专院校、科研院所聘请一些国外的专业技术人员，作为辅导员。湖南省内各地区要结合该地区的农业发展情况及农民的真实需求，来进行教育和追踪服务，最大限度地发挥培育教师队伍的作用。

（二）构建教育教学实施体系

1. 创建依托农业院校的高端培育基地

依托农业院校建设的高端培育基地，最重要的资源就是高校中大量的科研科技人员和科研成果，基地能够为新型职业农民的培育提供最前沿的科技知识，以及具有极高教育水平与经验的培育教师。此类基地可以作为新型职业农民提升自身水平的高端场所，负责培育高层次的农业专业技术人员，促进农业现代化的发展进程。在建立以农业院校为依托的高端培养基地时，要考虑以下两个方面。其一，要以新型职业农民的需求特征为基础，与传统的高校学生培育进行区别，既要深入对农业高新技术的研究，又要重视将这些知识技术快速地被农民所掌握并广泛普及的方式方法。培育出真正拥有先进科技理念、掌握先进知识与经营管理技能、可以熟练运用先进技术的新型职业农民。其二，要根据新农村建设进程中新型职业农民的特殊需要，继续推进与之配套的高职教育全面改革，建立相应的约束和激励机制，培育新型职业农民的研究团队，为其他培养基地提供有力的支持。

2. 建立依托农业企业的特色实训基地

借鉴具有自身特点的农业企业的成功经验，以农业企业为依托，构建出具有自身特点的实训基地，这是将培育的理论与实际紧密联系起来，增强农户对理论知识的了解和应用的一个重要载体。由各个发展迅速、经济能力强的农业龙头企业，将提升职业农民素养和经济效益作为出发点，以行业、人力资本情况和市场需求为依据，制订培育计划，进行有针对性的可操作培育。以农产品为基础，创建农产品加工职业培育基地，首先，要注意农业企业的选择，避免选择具有相同特征的企业，要突出不同基地的不同特点，拓宽实训层面。其次，要重视实训基地的维护，注意对基地企业进行跟踪考察，并在政策上对其进行相应的引导与支持，从而培育出一批有实力的新型职业农民。与此同时，它能成为推动农业现代化发展的一个重要平台，让新型职业农民和农业企业一起发展壮大。

3. 健全支撑县域经济的基层培育基地

县域经济是以县辖行政区域为单元的区域经济，通常以县为核心，以乡为联系，以村为依托，是我国国民经济中的一项重要基础。县辖行政区不仅能上接高校，而且能下接乡村，能够建立支持县域经济的基层培育基地，能够为培育出大批新型职业农民提供肥沃的土壤。通过农业院校与地方政府、龙头企业等的合作，建立起支持县域经济的基层培育基地，集科研、示范服务、教学实习、创收于一身。通过资源共享、优势互补的方式，实现研、学、产的有机融合，培育出新型职业农民，促进科技成果产业化，进而促进城乡经济的和谐发展。

4. 创建特色化的田间地头课堂

根据当前的教育实施情况来看，在新型职业农民培育的过程中，最受培育对象欢迎的培育方式是深入田间地头进行技术指导和演示教学的田间课堂。这种极具农业特色的培育方式具有很强的针对性，可以直接有效地把理论知识付诸实践，并且容易为培育对象接受，获得较好的培育效果。但是，因为农业类型比较复杂，所以，这种方式只适合于小班的分散培育，通常作为与其他实践基地的教育内容相结合的一个重要的补充性环节，从而达到提升职业农民技术能力的目的。因为资金的限制，以及教师的不足，大多数的培育单位都无法完成这些任务。为了解决资金不足的问题，必须继续扩大培育新型职业农民的投资和融资渠道，并通过适当地引入私人资金，通过多种途径来筹集培养资金。对于教师的短缺问题，可以通过对农业科技机构的科技人员、农村本地人才、种植养殖能手等进行有效的帮助。

六、改善职业农民成长环境

（一）改善新型职业农民成长经济环境

1. 壮大新型经营主体，发挥载体功能

要充分发挥新型农业经营主体的新型职业农民成长"载体"作用，关键是理想"载体"的选择。新型农业经营主体包括专业大户、合作社管理者、新型职业农民，以及家庭农场。专业大户由于本身的资本条件，其经营模式具有不稳定的特点，很难成为理想载体；合作社管理者其非新型职业农民等因素，因此也不适合作为理想的载体；新型职业农民个体很少独自进行经营，多在企业中从事农业生产工作，同样不是理想的载体。著者在总结我国新型职业农民培育试点地区实践经验及前人的研究成果后发现，新型职业农民最理想的成长载体需要具备一定的稳定性，这是因为在较长时间、较稳定的条件下，新型职业农民才能够得到发展和提高。家庭农场是一种以家庭成员为劳动力、以农业收入为主要收入来源的新型农业经营主体，要想继续将家庭农场发展下去，就一定会对它进行稳定的投资和长期的计划，很少会发生提前终止的现象。所以，我们应当将家庭农场当作一种理想的新型职业农民成长载体，在政策制订时可以向土地、金融、金融保险等方面予以倾斜。

2. 创新发展出路，拓展农业功能

拓展农业多功能发展空间，对于促进农业增效、农村绿色发展和农民收入增加都具有重要意义。爱农业、懂技术、会经营的新型职业农民对农业和农村的开发潜能具有较高的认识。所以，在拓展农业多功能发展空间时，必须紧扣指导新型职业农民创新创业、深化农业"三产"结合做好相关工作。

首先，要把整个生产链条和产品的价值链进行延伸。实践结果表明，通过大力推动"三产"结合，拓展"三产"链条，发展以"三产"为核心的农产品加工企业，才是充实我国农业经营内容的最好途径。在确保产品品质的同时，可以提升农产品的价值，从而提高农民的经济收益。与此同时，能为优秀的人才提供充足的农业就业岗位。

其次，建立"互联网+农业"的体系。随着大数据时代的来临，我们看到了打破城市与农村之间信息壁垒的希望，因此，一定要将以网络技术为代表的科技因素运用到农业的生产经营中去，才能让产品与销售之间无缝地连接起

来。只有这样，才能最大限度地发挥农产品的价值。为使农业生产与市场销售相结合，发展农村电子商务已成为农民创业的一种重要方式，于是，就有了涉农微商、网店等。它以特有的农业文化与乡村景观，为大众提供了一个传播的平台，使人们改变了传统农村脏乱差的印象，成为一个风景优美、特产丰富的能够让人放松身心的好地方。当前，我国城市和农村的网络普及水平仍然有很大的差距。所以，要大力发展"互联网+农业"，为我国新型职业农民的发展提供一条新的途径。可以与发展较为完善的电子商务公司进行协作，建立起覆盖广、速度快、服务好的农村现代化的物流系统，为农村地区的农产品流通打开"最后一公里"，为"互联网+"背景下进行新的职业农民培育扫清障碍。

最后，大力发展新产业新业态。善管理是新型职业农民的根本特点，要激励他们充分利用自身的智慧，挖掘出乡村发展的潜能，积极开发农业的多种功能。具体来说，在产业的选取方面，政府需要进行整体的引导，要凸显当地的特点，并且要将美丽乡村建设和农耕文化的保护有机地结合起来，加强对公共服务的提供。与此同时，明确产业思路、定位，以及发展的路径。在提高产品质量的前提下，重视对品牌的打造，加强对产品质量的管理，为产业发展创造有利的条件。在这个过程中，新型职业农民不但可以找到新的收入增长点，而且可以得到社会的尊重，提升自己的社会地位，改变人们对农民弱质化的刻板看法。

（二）改善新型职业农民成长社会环境

1. 提升组织化程度

近年来，我国新型职业农民的数量在不断增加，各地一些原本以零散形式存在的新型职业农民也相继成立了协会和产业联盟等组织。建立地方各级新型职业农民组织，有助于促进我国新型职业农民的发展。具体表现为以下三个方面。首先，桥梁作用。新型职业农民组织可以快速地向政府和职业农民培育管理部门反馈职业农民面临的困难、问题、矛盾，以及他们提出的要求，并主动寻求政府的支持、帮助和指导。其次，服务性工作。此类组织能够协助新型职业农民制订经营计划，解决生产中遇到的困难，并为新型职业农民提供相关的政策和法律方面的顾问。最大程度地联合和凝聚职业农民，力争使组织成为信息交流、知识共享、资金互助的纽带，以及整合资源、合作、交流的综合服务平台。最后，管理作用。此类组织能够对新型职业农民内部的生产、经营和管理环境进行保护，并对企业的生产经营行为进行严格的规范，从而保证农产品的质量安全和农业经济的健康、协调发展。实践结果证明，新型职业农民组织，以构建出一种新型职业农民之间的组织链接关系而达到同业合作、跨行业互补、抱团发展的目的，从而在市场上形成了一种强大的力量，提高了农民在市场上的话语权，因此，在湖南省内有必要广泛地推广。

2. 畅通进城下乡通道

作为乡村人才振兴的重要途径，大力培育新型职业农民，使其在数量和质量上有一个质的飞跃，就需要有一个与之相适应的人才流动环境来做后盾。所以，政府需要进一步深化户籍制度的改革，打通人才进城下乡的通道，为发展新型职业农民队伍提供坚实的后盾。

要想加速推进城乡户籍制度的深化改革。我们可以采取以下措施：放松对中小城市和小城镇的农民的准入要求，改变大城市的户籍管理方法，充分利用市场对人力资源要素的配置功能，使农民的进城通道更加畅通。放开农村资金流入，推动集体财产权的改革，让农民能够在农村获取土地、住房等生产、生活的基本要素，从而畅通农民进城通道。此外，实现城乡居民国民待遇和发展机会均等化，为城乡居民双向流动创造条件。

3. 完善社会化服务体系

健全的社会化服务系统，既能解决小规模农户分散管理的弊端，又能提升农业生产的社会化程度，还能为农民和基层农机人员的科技创新提供良好的环境。在现代化的农业生产和管理中，不管是本地人才还是城市人才，都离不开规模化经营。实现规模化经营可以采取以下两种方式：一是通过土地流转实现土地规模化经营；二是通过农业社会化服务体系，实现农业生产服务的集中规模化。要从多元化、专业化、市场化的角度来发展和完善农业社会化服务体系。首先，要在农业信息服务、农产品流通服务、农业科技创新服务、农业科技推广服务等方面达到多样化，其中包括农业生产服务系统和农业保险系统。其次，要根据区域内的主要产业及服务对象的具体需要，进行有针对性的社会化服务，提高服务的专业化程度。最后，实现以市场为导向的服务，政府对关键服务提供资金补贴，总体上以收费服务为主导，用市场的竞争来促进服务的优化和提升，从而保证农业社会化服务的品质。

4. 推动农村教育发展

从长期发展来看，实现乡村振兴，确保农业后继有人，壮大新型职业农民队伍，都离不开农村基础性教育。我们要清楚地看到，农村基础性教育不仅是一种地域上的农村教育，而且是一种面向农村和农村发展的功能性教育。因此，实现农村教育本质复归，也是培育新型职业农民在内的农业农村人才的必然要求。首先，要在教育教学的过程中培养学生对农业的重视和对农业的自豪感。其次，在教学内容方面，既要注重对农民进行科技、文化等方面的教学，又要注重现代化的农业知识的传播，加强对基本农艺知识和技能的学习，提高学生为农的积极性。最后，整合城乡之间的教育资源，使两者达到均衡，将社会上的优秀教育资源集中到农村地区，培养出一批可持续发展的后备人才。

（三）改善新型职业农民成长组织环境

1. 加强农村基层组织建设

为确保国家相关政策方针和决策部署贯彻落实，必须加强农村基层组织建设，培育一支高素质的工作队伍，充分发挥农村基层组织的引领作用。其一，提高农村干部的政策宣传水平。引导村干部积极学习相关政策，不断提高自己的理论水平。大力弘扬政府有关发展新型职业农民的政策，充分调动新一代农民参与农业生产的积极性。其二，发挥基层干部示范引领的作用。要始终遵循"做给农民看、帮着农民干"的原则，激励和支持基层干部主动参与新型职业农民培育，带领新型职业农民发展现代农业。他们的带头作用，可以让广大农民直接体会到作为一名新型职业农民能够得到的益处，从而激发出他们参与培育的积极性。其三，村级组织发挥组织作用。用创建专业合作社等方式，把分散的农户联合到一起，从而提升农民群众的组织性，这能够对农业科技、现代观念和实践经验的相互沟通和扩散产生积极影响，为培育新型职业农民提供一个关键平台。

2. 健全多部门协同机制

大力培育新型职业农民需要农业、教育、人社、金融等多部门沟通协作、合力推进。在多部门参与的基础上，进一步推进政务服务模式的变革，构建以各部门之间相互协作为核心的政务服务体系。一方面，需要健全管理机制。首先，要明确各职能部门在新型职业农民培育工作中的责任与权力，避免过度干预或互相推诿。其次，构建规范各部门协作的长期机制，以部际委员会、专项工作组、联合工作组等为主要组织，以非正规组织为主要组织，设立部际委员会、专项任务小组、联合小组等形式的非正式机构，灵活推行非正式机构"部际联席会议"，两者相结合实现部门资源整合。最后，明确各个单位之间的合作责任，培养合作的观念，并界定合作的具体内容与目的。在协商一致的前提下，制定相关政策，提高各部门之间合作的规范性与正确性，建立稳固的合作关系。在此基础上，进一步改进企业的合作行为，并通过构建合作的激励与奖惩机制来提升合作行为的整体水平。另一方面，健全各部门间的交流机制。信息交换是各部门合作的根本，一定要突破各部门之间信息共享的障碍，运用新的信息和互联网等技术方法，构建信息交流平台、信息资源库，使各部门之间的交流更加顺畅，提高信息流通效率，减少流通成本，有助于提高多部门的合作效率，最大限度地发挥稀有资源的作用。

结 语

改革开放以来，湖南省农村常住人口数量逐年下降，土地荒置现象严重，农业生产兼业化和人口老龄化等问题十分突出，受以上因素的影响，湖南省农业现代化的进程较为缓慢。解决农业和农村发展缓慢的问题，首先需要解决的是农民的问题。农民是农村的主人，是农村发展的人力资源主体。人才是乡村振兴、实现农业现代化的支撑，而教育则是人才振兴的关键。人才振兴是乡村振兴的源泉，培养农业农村人才，可以激发乡村振兴的内生动力。在乡村振兴进程中，人才既是最基础也是最重要的资源。发达国家和我国试点地区的实践证明，新型职业农民培育是乡村振兴和农业现代化发展中人才供给的最根本途径。受历史发展等因素的影响，农村和农业成为我国现代化发展的短板，农民各方面的素质有待提高，这决定了新型职业农民培育势必会是一个长期的过程。"十三五"规划、乡村振兴战略都对怎样培育新型职业农民、培育什么样的新型职业农民提出了要求。国家对新型职业农民培育工作给予了充分的政策支持和指导，也需要各个层级政府、相关部门和有关人员予以配合才能够顺利地实施并取得良好的效果，这就要求相关人员在开展工作时能够正确认识和对待新型职业农民培育，若因贪一时之功而用敷衍的、形式化的态度来对待新型职业农民培育工作，则会对整体的、长期性的培育工作产生负面影响。

新型职业农民培育是一项艰巨且复杂的任务，湖南省作为较早响应中央新型职业农民培育政策的省份之一，已经取得了一定的成效，农民在参加新型职业农民培育后生产经营模式得以转变，销售思路得以拓展，初步完成了从传统农民向职业农民的转型。符合湖南省发展特色的农业企业培育模式在省内推广开来，具有地方特色的模式有田间学校培育模式、"双提双创"培育模式、家庭农场培育模式和"互联网+教育"培育模式，这四种培育模式根据实际情况适用于不同地区，符合当地农业发展的规律，在运用过程中取得了较为理想的效果。但从总体发展上来说，湖南省在新型职业农民培育方面效果还不够显著，尚处在摸索阶段，一些问题也凸显而出。这些问题对新型职业农民培育的工作效果产生了一定的限制，也影响了乡村振兴的进程。

　　新型职业农民培育的持续推进需要制定完善的对策加以辅助，以原则为主线、以政策为主导，建立具有科学性的培育体系，创建良好的培育氛围，提高自身意识，重塑未来的农业生产主体，改善农村发展的生态环境，发挥农村发展潜能。另外，还需参加培育的农民充分调动自己的主观能动性，积极地提升自身各方面的素质，将农民的主体性完全地展现出来，从而激发出农村发展的内生动力。对此，应认真规划，科学定位，立足现实，通过多方联动，进一步完善和优化新型职业农民的培育工作。

　　著者基于发达国家和国内试点地区案例的启示和借鉴，有针对性地提出了与湖南省省情相适应的新型职业农民培育的对策建议，如从政府角度提出优化新型职业农民培育的对策和建议，包括完善管理机制，实现宏观调控等；从培育机构的角度提出针对培育内容、培育方式、培育师资、培育时间、课程设置等多个方面的意见，包括健全培育过程、提升培育效能等；从农民自身需求角度提出全面提升各方面素质、提升学习能力等方面的建议，包括积极参与培育、促进全面发展等。希望能够为湖南省的新型职业农民培育工作的推进与乡村振兴战略的实施提供一些微薄的助力。新型职业农民培育是湖南省农业现代化的关键步骤，怎样更好地推进，仍然是我们需要深入研究的课题。著者在今后的工作中仍会不断地充实自己，以期能够继续为新型职业农民培育工作贡献自己的绵薄之力。

参考文献

［1］ 牛奎元.乡村振兴战略下新型职业农民培育研究［D］.哈尔滨:黑龙江大学,2022.

［2］ 高爱玲.新型职业农民培育的困境与对策研究:以山东省 Y 地区为例［D］.南昌:江西科技师范大学,2022.

［3］ 刘欢.鹤壁市新型职业农民培育模式研究［D］.绵阳:西南科技大学,2022.

［4］ 李巍.乡村振兴战略下我国农村物流高质量发展问题研究［J］.长春金融高等专科学校学报,2021(6):81-85.

［5］ 成芳.习近平关于乡村振兴战略的重要论述研究［D］.兰州:兰州理工大学,2020.

［6］ 温铁军.“三农”问题与制度变迁［M］.北京:中国经济出版社,2009.

［7］ 刘彦随.中国新农村建设地理论［M］.北京:科学出版社,2011.

［8］ 陈锡文.中国农业供给侧改革研究［M］.北京:清华大学出版社,2017.

［9］ 黄丹.湖南省新型职业农民培育问题研究［D］.长沙:湖南农业大学,2020.

［10］ 陈勇,唐洪兵,毛久银.乡村振兴战略［M］.北京:中国农业科学技术出版社,2018.

［11］ 尹成杰.实施乡村振兴战略推进新时代农业农村现代化［M］.北京:中国农业出版社,2018.

［12］ 王遂敏.新时期乡村振兴与乡村治理研究［M］.北京:中国书籍出版社,2020.

［13］ 罗玉辉.中国农村土地流转与农民权益保护［M］.北京:社会科学文献出版社,2019.

［14］ 蔡胜.《东方杂志》与近代中国乡村问题［M］.合肥:安徽人民出版社,2019.

［15］ 陈锡文.走中国特色社会主义乡村振兴道路［M］.北京:中国社会科学出版社,2019.

［16］ 中共中央 国务院关于加快发展现代农业进一步增强农村发展活力的若干意见［M］.北京：人民出版社，2013.

［17］ 关于全面深化农村改革加快推进农业现代化的若干意见［M］.北京：人民出版社，2014.

［18］ 中共中央 国务院关于“三农”工作的一号文件汇编（1982—2014）［M］.北京：人民出版社，2014.

［19］ 中共中央 国务院关于深入推进农业供给侧结构性改革加快培育农业农村发展新动能的若干意见［M］.北京：人民出版社，2017.

［20］ 中共中央 国务院关于打赢脱贫攻坚战三年行动的指导意见（单行本）［M］.北京：人民出版社，2018.

［21］ 乡村振兴战略规划（2018—2022 年）［M］.北京：人民出版社，2018.

［22］ 中共中央 国务院关于实施乡村振兴战略的意见［N］.人民日报，2018-02-15（4）.

［23］ 中国共产党农村工作条例［M］.北京：人民出版社，2019.

［24］ 中共中央 国务院关于建立健全城乡融合发展体制机制和政策体系的意见［M］.北京：人民出版社，2019.

［25］ 中共中央 国务院关于坚持农业农村优先发展做好“三农”工作的若干意见［M］.北京：人民出版社，2019.

［26］ 中共中央 国务院关于全面推进乡村振兴加快农业农村现代化的意见［M］.北京：人民出版社，2021.

［27］ 蔡胜，张寅.近代中国社会关注与思考乡村问题的特点及启示［J］.云南农业大学学报（社会科学版），2021，15（1）：154-160.

［28］ 何玮.习近平“三农”思想：价值、内涵与实践路径［J］.汉江师范学院学报，2020，40（5）：8-13.

［29］ 刘姝昕.习近平“三农”观的实践创新研究［J］.汉江师范学院学报，2020，40（2）：92-97.

［30］ 刘彦随.中国乡村振兴规划的基础理论与方法论［J］.地理学报，2020，75（6）：1120-1133.

［31］ 孙媛媛.习近平的“三农”观研究［J］.农村经济与科技，2019，30（13）：250-252.

［32］ 韩长赋.关于实施乡村振兴战略的几个问题［J］.中国人大，2019（7）：31-37.

［33］ 许光，类杰.习近平新时代乡村振兴重要论述的理论创新与价值内涵［J］.

中共南京市委党校学报,2019(5):33-37.

[34] 关德芳.新时代我国"三农"发展的几个重点[J].人民论坛,2019(12):92-93.

[35] 杨建花.我国农业人口转移对农村经济的影响探讨[J].经济研究导刊,2022(4):23-25.

[36] 张丹荣,王同昌.习近平新时代中国特色社会主义思想在农村传播的目标与路径[J].学习论坛,2018(10):28-33.

[37] 把乡村振兴战略作为新时代"三农"工作总抓手促进农业全面升级农村全面进步农民全面发展[J].实践(思想理论版),2018(10):5-6.

[38] 徐田,苏志宏.习近平新时代"三农"战略思想的三维解析[J].求实,2018(5):21-30.

[39] 学习习近平"三农"思想 推进乡村振兴战略[J].中国合作经济,2018(2):4.

[40] 叶兴庆.新时代中国乡村振兴战略论纲[J].改革,2018(1):65-73.

[41] 杨增崿,张琦.习近平精准扶贫精准脱贫思想的哲学基础与理论创新[J].贵州社会科学,2018(3):4-10.

[42] 黄承伟.习近平扶贫思想论纲[J].福建论坛(人文社会科学版),2018(1):54-64.

[43] 阎占定.习近平"三农"思想研究[J].中南民族大学学报(人文社会科学版),2017,37(4):9-13.

[44] 李明.习近平"三农"战略思想论纲[J].科学社会主义,2017(3):102-107.

[45] 杨明清.十八大以来推进"三农"发展研究[J].理论学刊,2017(5):25-33.

[46] 白娟.习近平的城乡一体化思想[J].吉首大学学报(社会科学版),2017(S1):6-8.

[47] 张涛,赵磊.城乡发展一体化:解决"三农"问题的根本路径[J].农村经济,2017(10):24-29.

[48] 姜长云,杜志雄.关于推进农业供给侧结构性改革的思考[J].南京农业大学学报(社会科学版),2017,17(1):1-10.

[49] 刘从德,郭彩星.论十八大以来中国共产党关于发展问题的理论创新与升华[J].社会主义研究,2016(4):55-60.

[50] 林星,吴春梅.习近平"三农"思想分析:基于十八大以来习近平系列重要讲话精神的解读[J].华中农业大学学报(社会科学版),2016(4):67-74.

[51] 陈林.习近平"三农"思想发展脉络[J].人民论坛,2015(20):16-19.

[52] 马忠悦.习近平的"三农"观研究[D].泰安:山东农业大学,2020.

[53] 陈克.习近平关于农业现代化的重要论述研究[D].成都:西华大学,2020.

[54] 张晓珊.习近平"三农"观研究[D].保定:河北大学,2019.

[55] 刘玉娟.习近平新时代"三农"思想研究[D].重庆:重庆理工大学,2019.

[56] 于思文.习近平乡村振兴战略研究[D].哈尔滨:哈尔滨师范大学,2019.

[57] 张建平.决胜全面小康背景下"三农"问题的现状和对策研究[D].重庆:
重庆师范大学,2018.

[58] 刘金蕊.习近平的"三农"思想研究[D].锦州:渤海大学,2017.

[59] 余永定,郑秉文,张宇燕,等.西方经济学[M].北京:经济科学出版社,
1997.

[60] 李京文,张国初.现代人力资源经济分析:理论·模型·应用[M].北京:
社会科学文献出版社,1997.

[61] 赵帮宏,张亮,张润清.我国新型农民培训模式研究[M].北京:光明日报
出版社,2011.

[62] 孟建锋,李魏瀚,续淑敏.乡村振兴战略下新型职业农民精准培育探究
[J].农业经济,2019(11):61-63.

[63] 陈文权.中国农村实用人才资源开发[M].郑州:河南人民出版社,2011.

[64] 马建富,吕莉敏,陈春霞.职业教育视阈下的新型职业农民培育研究[M].
北京:科学出版社,2015.

[65] 祝海玉,张典兵.论新型职业农民精准培育的困境与应对[J].山西经济管
理干部学院学报,2020,28(3):17-22.

[66] 李红玲,郑甜甜.新型职业农民培育研究进展述评(2012—2020)[J].安徽
农业大学学报(社会科学版),2020,29(3):18-24.

[67] 杨妍玮.地方政府培育新型职业农民存在的问题及对策:以重庆市为研究
对象[D].重庆:中共重庆市委党校,2017.

[68] 颜廷武,张露,张俊飚.对新型职业农民培育的探索与思考:基于武汉市东
西湖区的调查[J].华中农业大学学报(社会科学版),2017(3):35-41.

[69] 胡小平,李伟.农村人口老龄化背景下新型职业农民培育问题研究[J].四
川师范大学学报(社会科学版),2014,41(3):57-62.

[70] 马艳艳,吕佳莹,郜一博,等.乡村振兴背景下新型职业农民培育现状及对
策建议[J].农业科学研究,2020,41(2):64-70.

［71］ 朱德全,黎兴成.中国农村职业教育研究 70 年:研究嬗变与范式反思［J］.西南大学学报(社会科学版),2019,45(6):5-19.

［72］ 康红芹.新型职业农民:概念辨析与内涵新解［J］.当代职业教育,2018(5):4-8.

［73］ 徐进进,吴智广,秦关召.新型职业农民素质提升读本［M］.北京:中国农业科学技术出版社,2015.

［74］ 张明媚.新型职业农民的分类培育策略探究［J］.农业经济,2018(3):85-86.

［75］ 程欢.广西基层新型职业农民培育师资队伍建设问题研究［J］.科教文汇,2018(2):38-39.

［76］ 林红,李仕凯,柳欣源.人力资本视角下新型职业农民培育困境与突破［J］.黑龙江八一农垦大学学报,2019,31(3):101-107.

［77］ 何晓琼,钟祝.乡村振兴战略下新型职业农民培育政策支持研究［J］.中国职业技术教育,2018(3):78-83.

［78］ 崔锐.为什么要培育新型职业农民［J］.人民论坛,2018(28):80-81.

［79］ 张明媚.新型职业农民内涵、特征及其意义［J］.农业经济,2016(10):66-67.

［80］ 王艳萍,房彬.新型职业农民的生成逻辑与培育路径探讨［J］.安徽农业大学学报(社会科学版),2018,27(1):28-31.

［81］ 杨琴,吴兆明.国外职业农民职业教育对我国新型职业农民培育的借鉴与启示［J］.成人教育,2020,40(6):76-81.

［82］ 杨优芳,冯爱芳,毛慧.乡村振兴战略背景下新型职业农民的生成环境、培育机理及出路研究［N］.台州日报,2019-9-25(5).

［83］ 陈春霞.新型职业农民胜任素质模型构建及培育路径研究［D］.上海:华东师范大学,2019.

［84］ 宋新乐,朱启臻.新型职业农民的职业精神及其构建［J］.西安交通大学学报(社会科学版),2016,36(4):111-116.

［85］ 钟真.改革开放以来中国新型农业经营主体:成长、演化与走向［J］.中国人民大学学报,2018(4):43-55.

［86］ 曹明.培育新型职业农民［N］.河南日报,2021-02-03(6).

［87］ 梁成艾.“职业农民”概念的历史溯源与现代扩张:基于乡村振兴战略之视角［J］.农村经济,2018(12):123-128.

［88］ 徐进,康芳.乡村振兴推进新型职业农民培育的现实挑战与实现路径［J］.教育与职业,2021(1):83-89.

［89］ 于衡.浅谈在新农村建设中如何提升农民素质［J］.农业经济,2017(6):71-72.

［90］ 马建富,黄晓赟.新型职业农民职业教育培训社会支持体系的建构［J］.职教论坛,2017(16):19-25.

［91］ 隋筱童.乡村振兴战略下"农民主体"内涵重构［J］.山东社会科学,2019(8):97-102.

［92］ 徐倩,肖蒙蒙,魏丽萍.乡村振兴战略下新型职业农民培训"盲点"识别及破解［J］.教育与职业,2020(6):70-77.

［93］ 潘泽江,黄霞.新型农业经营主体的选择与培育:以湖南永州市为例［J］.中南民族大学学报(人文社会科学版),2019,39(4):132-137.

［94］ 李宏伟,屈锡华,杨淑婷.我国22个试点新型职业农民认定管理工作的经验、问题及对策［J］.农村经济与科技,2017,28(1):211-215.

［95］ 赵雨,康红芹."新型职业农民培育"实施方案研究:基于20个省(市)政策文本的内容分析［J］.现代远距离教育,2020(3):9-17.

［96］ 陈新忠,庹娟.乡村振兴背景下新型职业农民培育［J］.教育与职业,2020(1):101-107.

［97］ 樊梦瑶,张亮.改革开放四十年我国农民职业化培育的变迁与展望［J］.成人教育,2019,39(10):43-47.

［98］ 亚当·斯密.国民财富的性质和原因的研究:上卷［M］.郭大力,王亚南,译.北京:商务印书馆,1972.

［99］ 西奥多·W. 舒尔茨.论人力资本投资［M］.吴珠华,等译.北京:北京经济学院出版社,1990.

［100］ 朱启臻,胡方萌.新型职业农民生成环境的几个问题［J］.中国农村经济,2016(10):61-69.

［101］ 朱启臻.新型职业农民的内涵特征及其地位作用［J］.中国农业信息,2013(17):16-18.

［102］ 樊英.职业农民培育问题研究［D］.长沙:湖南农业大学,2014.

［103］ 郭智奇,齐国,杨慧,等.培育新型职业农民问题的研究［J］.中国职业技术教育,2012(15):7-13.

[104] 周稽裘.再建农村教育的伟大工程:"三化同步"与现代职业农民教育发展战略和政策[J].中国职业技术教育,2012(4):18-22.

[105] 曾一春.完善制度设计强化实践探索:关于培育新型职业农民的几点认识[J].农机科技推广,2012(7):10-13.

[106] 耿丽敏.探究河北省农民培训的有效路径:培育新型职业农民[J].农家顾问,2015(2):37.

[107] 周杉,代良志,雷迪.我国新型职业农民培训效果、问题及影响因素分析:基于西部四个试点县(市)的调查[J].农村经济,2017(4):115-121.

[108] 杨璐璐.乡村振兴视野的新型职业农民培育:浙省个案[J].改革,2018(2):132-145.

[109] 沈琼.中国新型职业农民培育研究[M].北京:中国农业出版社,2017.

[110] 陈文胜,陆福兴.农业产业化为现代农业发展培育新型农民[J].求索,2007(11):71-72.

[111] 阎海涛.论农民在中国现代化中的作用[J].东北师大学报(哲学社会科学版),2000(3):34-38.

[112] 许项发.关于转变农民身份问题的思考[J].理论导刊,2007(1):47-48.

[113] 白蕴芳.农村劳动力外移背景下的新型农民培育[J].西北农林科技大学学报(社会科学版),2007,7(1):25-30.

[114] 侯全章.要把培育新型职业农民纳入经济社会发展规划[J].农村工作通讯,2012(7):34.

[115] 王国庆.加快培育新型职业农民 努力提高营农收入[J].新农村,2011(5):14-15.

[116] 赵邦宏.对培育新型职业农民问题的思考[J].农民科技培训,2012(5):16.

[117] 朱启臻,闻静超.论新型职业农民及其培育[J].农业工程,2012(3):1-4.